Deutsche Tischfußballjugend (Hrsg.)
Förderverein Jugendarbeit Tischfußball
Deutschland e.V. (Hrsg.)

Tischfußball für Kinder und Jugendliche

Viele Wege zum Kicker-Spaß

Wilfried Honekamp, Manuel Gallardo,
Jené Halabi, Jan D.-Eschweiler

Bibliografische Information durch
Die Deutsche Bibliothek:
Die Deutsche Bibliothek verzeichnet diese Publikation in der Deutschen Nationalbibliografie; detaillierte bibliografische Daten sind im Internet über http://dnb.ddb.de abrufbar.

Deutsche Tischfußballjugend (Hrsg.),
Förderverein Jugendarbeit Tischfußball Deutschland e.V. (Hrsg.)
Tischfußball für Kinder und Jugendliche
ISBN 978-3-98527-034-7

Inhaltsverzeichnis

Vorwort

Die Geschichte des deutschlandweit organisierten Tischfußballs für Kinder und Jugendliche begann 2012 bei einem Lehrgang für die Jugendleiter/in-Card. Dort legten engagierte Jugendbetreuer*innen den Grundstein für die Deutsche Tischfußballjugend (DTFJ), die seitdem als die Jugendorganisation des Deutschen Tischfußball Bundes (DTFB) agiert. Von da an hat sich die Jugendarbeit im Tischfußball stetig weiterentwickelt. Den Erfolgen unserer Junioren-Nationalmannschaft folgte ein Austausch auf internationaler Ebene zur Jugendarbeit im Weltverband des Tischfußballs (ITSF). Ein weiterer Meilenstein wurde mit der Ausarbeitung und Verschriftlichung der Richtlinien für den Bereich Jugendsport 2016 erreicht.

Im Jahr 2017 fand das erste bundesweite Kickercamp in Westernohe statt, das sich im Winter und Sommer zum gern gesehenen Treffpunkt der deutschsprachigen Tischfußballjugend entwickelt hat. Mit der konzeptionellen Aufteilung des Jugendbereichs in die drei Altersstufen U13, U16 und U19 ging die DTFJ 2018 einen weiteren Schritt zur an die Entwicklung von Kindern und Jugendlichen angepassten Gestaltung des Tischfußballsports. Wir möchten unseren Sport allerdings nicht nur im Kontext des Wettbewerbs sehen, sondern Tischfußball soll auch als Hobby, Freizeitbeschäftigung sowie in der Betreuung und im Schulkontext betrieben werden. Durch den Aufbau von Kooperationen mit "So viel Freude e.V.“ (2016) und DEKITU (2019) wurde dieses Engagement vorangetrieben.

Die DTFJ als Dachorganisation funktioniert allerdings nur in den Strukturen der vor Ort tätigen Sportvereine, Jugendhäuser und Schulen. In diesem Kontext verorten wir uns als eine Interessengemeinschaft, die für ein gemeinschaftliches Miteinander, für Gleichberechtigung und Fairness auf der Basis von freiwilligem bürgerschaftlichem Engagement eintritt. In der konkreten Umsetzung bedeutet dies, dass ein klarer Fokus auf die individuelle Entwicklung der Kinder und Jugendlichen innerhalb unserer Strukturen gelegt werden soll. Das beinhaltet auf der einen Seite die sozialen Fähigkeiten, die durch klare Regeln und strukturiertes Miteinander eingeübt werden können, andererseits auch solch basale Fähigkeiten wie beispielsweise die Konzentrationsfähigkeit. An dieser Stelle hoffen wir ein attraktives und vielseitiges Angebot zur Ergänzung der Bildungslandschaft in Deutschland bieten zu können und Interessierten die Potentiale des Tischfußballs vermitteln zu dürfen.

Diese Broschüre richtet sich an Eltern, Lehrer*innen, AG-Leiter*innen, Sozialarbeiter*innen, Betreuer*innen und Trainer*innen, um sie dabei zu unterstützen, den Mehrwert von Tischfußball für Kinder und Jugendliche nicht nur zu erkennen, sondern auch mit all seinen positiven Aspekten zu vermitteln. Ich danke an dieser Stelle Wilfried, Manuel, Jené und Jan für ihr Engagement im Rahmen der Jugendarbeit des Deutschen Tischfußballs und dafür, dass diese Broschüre ohne ihre Arbeit nie entstanden wäre.

Sara Rezmann

Vorsitzende der Deutschen Tischfußballjugend

1. Einleitung

Täglich werden bundesweit Tausende von heißen Duellen am Kicker ausgetragen - ein Großteil davon in Schulen, Jugendtreffs und Jugendzentren. Kinder und Jugendliche sind begeistert von dem Spiel "Kickern" in der Freizeit und einige finden auch schon den Weg in den Sport "Tischfußball", der durch regelmäßige Trainings- und Spielangebote zum Hobby und zur Leidenschaft werden kann. Der Kompetenzerwerb beim Kickern oder Tischfußball führt zur Ausbildung und Weiterentwicklung der so genannten **Schlüsselqualifikationen**, welche einen kompetenten Umgang innerhalb der Gesellschaft ermöglichen und "erwerbbare allgemeine Fähigkeiten, Einstellungen und Strategien, die bei der Lösung von Problemen und beim Erwerb neuer Kompetenzen in möglichst vielen Inhaltsbereichen von Nutzen sind" darstellen (Bildungskommission NRW, 1995).

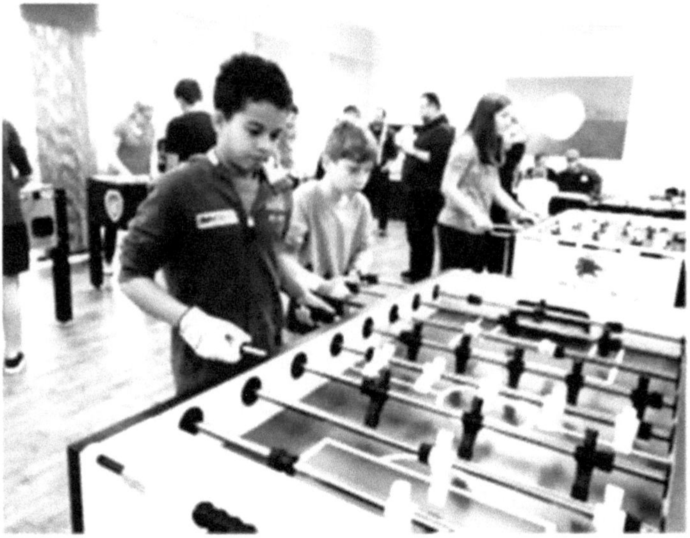

Abb. 1: Kinder beim DTFB-Kickercamp

Teamwork am Tischfußballgerät erfordert Kommunikationspfade sowohl innerhalb des Teams als auch zur Außenwelt. So tragen die Mitglieder zum Erreichen der Teamziele mit ihren jeweiligen Fähigkeiten und den daraus entstehenden gegenseitigen Abhängigkeiten bei. Daher ist die Struktur des Teams aufgaben- und zielorientiert und muss periodisch auf seine Effektivität überprüft werden. Die gemeinsame Zielsetzung wird abgestimmt und es werden gegebenenfalls neue Strategien entwickelt. Neben der Förderung **sozialer Kompetenzen** erfolgt ebenfalls eine Schulung der motorischen Fähigkeiten, insbesondere der **Koordinationsfähigkeit**. Die Vermittlung einer Vielzahl von Schuss- und Passtechniken sowie der Spieltaktik und der daraus resultierende Erfolg steigern die Lernmotivation und das Engagement der Nachwuchskicker.

Dies sind Anforderungen, die in unserer **heutigen Gesellschaft** bei der Arbeitsplatzsuche, in der Schule, während der Ausbildung und dem privaten Bereich essentiell geworden sind. Vor allem die so genannten **„Soft-Skills"** werden von den Bewerbern in immer ausgeprägterer Weise gefordert. Die organisierte Form des Tischfußballs unterstützt somit die gesamte Identitätsentwicklung junger Menschen und der Spaß kommt auch nicht zu kurz. Tischfußball ist seit Jahrzehnten ein beliebtes Spiel in Deutschland. Millionen Kickertische stehen in unserem Land in Reichweite von Kindern. Kaum eine Schule, Jugendeinrichtung, Jugendherberge oder Kinderklinik möchte ohne einen Tischkicker auskommen.

In einer Zeit, in der sich der **Medienkonsum** zwischen die Menschen drängt und Familien, die unter einem Dach leben, sich mehr auf sozialen Medien als im normalen Familienalltag sehen, braucht es **Orte der Begegnung** und Plätze, an denen man zusammen leben kann. Tischfußball leistet das. „Wenn ich einen Jugendlichen habe, an den ich gar nicht rankomme, dann gehen wir mal erst ne Runde Kickern. Das lockert die Sache auf", sagt Carsten Essing, pädagogischer Leiter der freien Jugendeinrichtung New Way in Berlin Mitte. „Kickern kann wirklich jeder. Auch das gerade erst angekommene Flüchtlingskind aus Syrien. Wir nehmen es sehr gerne als **Brücke**. Wenn die Kinder uns beim Spielen lachen sehen, dann nimmt das gleich viel Angst und schafft viel Vertrauen", so Johannes Böing, Leiter des BVB-Lernzentrums im SIGNAL IDUNA PARK der Borussia.

Ab wann kann man Tischfußball spielen?

In einigen Familien versuchen die Kinder schon an den Stangen zu drehen, wenn diese noch nicht mal laufen können. In den meisten Fällen lernen aber Heranwachsende den Kickertisch kennen, der im Kinder-Club, in einer Jugendeinrichtung oder in der Schule steht. **Höhenverstellbare** Kickertische ermöglichen Kindern und Jugendlichen einen guten Blick auf die Spielfläche und die Stangen sind bequem zu erreichen. Tische mit **Teleskopstangen** verringern die Gefahr der Verletzung deutlich, da die jeweiligen Stangen nur aus einer Seite des Tisches herausragen. Die DTFJ empfiehlt für Spieler*innen unter 10 Jahren, dass sie
- ein ihrer Größe angepasstes **Podest** haben,
- sich der **Verletzungsrisiken** durch den Tisch bewusst sein und
- durch **Erziehungsberechtigte** begleitet werden sollten.

Momentan entstehen viele Tischfußball-Vereine deutschlandweit, die auch **altersgerechte Angebote** für Kinder ab 8 Jahren etablieren. Als Eltern kann man sein Kind dabei unterstützen, eine Kicker-Gruppe in der Nähe zu finden bzw. mit aufzubauen.

Tischfußball ist ein Hobby für die ganze Familie!

Tischfußball ist ein Spiel für Jung und Alt, für Mädchen und Jungs, Mütter und Väter und sogar für Oma und Opa. Daher wird Tischfußball auch gerne in Familien gespielt und es gibt viele Familien, die bereits einen Kickertisch zu Hause haben oder sich zum nächsten Weihnachtsfest einen wünschen. Mit einem Tisch zu Hause kann man auch einmal einen **abwechslungsreichen Nachmittag** mit Freunden und Bekannten erleben, wenn man zum Beispiel ein kleines Turnier veranstaltet. Und auch abseits vom heimischen Tisch, ist eine Tischfußball-Turnier ein Treffpunkt für die große Tischfußball-Familie: Im heutigen Amateur- und Leistungssport finden fast jedes Wochenende regionale Wettbewerbe wie Turniere statt.

Dabei wird meist in unterschiedlichen Kategorien gespielt, wie etwa bei den Junior*innen (momentan U19, U16 und U13), Damen, Herren und Senior*innen (Ü50 und Ü63). Somit ist der Besuch dieser Turniere inzwischen für viele zum gemeinsamen **Familienausflug** geworden. Und auch wenn nur ein Elternteil und ein Kind einen gemeinsamen Tischfußball-Ausflug machen, wird es sicherlich für beide ein großartiges Erlebnis. Aus einigen **Eltern-Kind-Gespannen** sind schon erfolgreiche Spieler hervorgekommen, die es bis in die Junioren-Nationalmannschaft und zum Weltmeistertitel geschafft haben! Der Tischfußballsport eignet sich auch besonders gut für ein **gemeinsames Sporttreiben** von Erwachsenen, Kindern und Menschen mit Behinderung. Im Rollstuhl oder mit Podest kann zusammen mit stehenden Großen an dem gleichen Tisch gespielt werden.

Ziel dieser Broschüre

Wir wollen Menschen dafür begeistern, Kinder und Jugendliche Kickern zu lassen. Kickern kann man überall, ob in der Schule, im Verein oder in der Freizeit- und Ferienbetreuung. Eltern, Lehrer*innen, AG-Leiter*innen, Sozialarbeiter*innen, Betreuer*innen und Trainer*innen sollen hier erfahren, welche **Rahmenbedingungen** sie für das Tischfußballspiel schaffen können (Kapitel 2), wie es zur **Entwicklung von Fähigkeiten und Kompetenzen** der Kinder und Jugendlichen beiträgt (Kapitel 3) sowie welche **Angebote** gemacht werden können und welche **Spielformen** möglich sind (Kapitel 4). Insgesamt soll diese Broschüre aufzeigen, wie viel **Spaß** man mit Tischfußball haben kann.

2. Rahmenbedingungen schaffen

In diesem Kapitel wollen wir beschreiben, wie man den Kindern und Jugendlichen das Kickern ermöglichen kann. Wir geben allgemeine Empfehlungen und beschreiben konkrete Angebote unserer Organisationen und Erfahrungsberichte sowie lokale und regionale Standorte.

Allgemeine Empfehlungen

In diesem Abschnitt zeigen wir, welche Tische es gibt, wie man diese aufstellt und pflegt. Allgemeines zu Spielangeboten, Personen, Kooperationen und Ausbildung wird benannt.

Tische beschaffen und Förderangebote nutzen

Am besten ist es natürlich, wenn mindestens ein Tisch bereits vorhanden ist. Soll einer beschafft werden, gibt es verschiedene Möglichkeiten: Schulen oder Einrichtungen haben möglicherweise einen Etat für Spiel- oder Sportgeräte. Oder Eltern möchten die Freizeitaktivitäten ihrer Kinder fördern und kümmern sich um die Beschaffung. Alternativ gibt es **Förderprogramme** der Kommunen, des Landes oder von gemeinnützigen Organisationen wie der Aktion Mensch.[1]

Bei der Frage, welcher Tisch beschafft werden soll, kommt es im Wesentlichen auf den Einsatzzweck und den finanziellen Rahmen an. Einfache Spielgeräte sind im Einzelhandel schon für unter 200,- € zu haben. Empfehlenswerte **Sportgeräte** der Tischpartner des DTFB gibt es ab 300,- €, höhenverstellbare Tische ab 350,- €.[2]

Tisch aufstellen und pflegen

Ein Kickertisch hat einen gewissen **Platzbedarf**. Zu nah an den Wänden geht der Spielspaß verloren und die Verletzungsgefahr steigt. Abb. 2 zeigt den benötigten Raumbedarf. Um den Kickertisch herum sollte genügend Platz für die Spieler*innen und für voll ausgezogene Stangen vorhanden sein. Empfohlen wird eine Fläche von mind. 2 x 2,5 Metern. Ein aufgebauter Tisch sollte zu Beginn und dann regelmäßig **gerade ausgerichtet** werden. Meistens lässt er sich durch Drehen der Füße in der Höhe anpassen. Ein in der Mitte abgelegter Ball sollte ruhig liegenbleiben und nicht in eine Richtung wegrollen. Hilfreich kann die Unterstützung durch eine Wasserwage sein. Bei günstigen Tischen verzieht sich häufig die Spielfläche, sodass eine perfekte Ausrichtung nicht immer möglich ist.

Schwergehende oder verbogene Stangen reduzieren den Spielspaß ungemein, sodass die Stangen regelmäßig sehr leicht **geölt** werden sollten. Auch die Lager der Stangen und die Spielfläche müssen regelmäßig mit einem trockenen Tuch **gereinigt** werden. Verbogene Stangen lassen sich entweder geradebiegen oder sollten ausgetauscht werden. Wenn keine

---

[1] aktion-mensch.de/foerderung/

[2] dtfb.de/index.php/partner/tischpartnerschaft

Teleskopstangen verwendet werden, können die Stangenenden mit Schutzkappen abgedeckt werden. Der Tisch selbst ist bisweilen auf scharfe Stellen zu prüfen, um Verletzungen vorzubeugen.

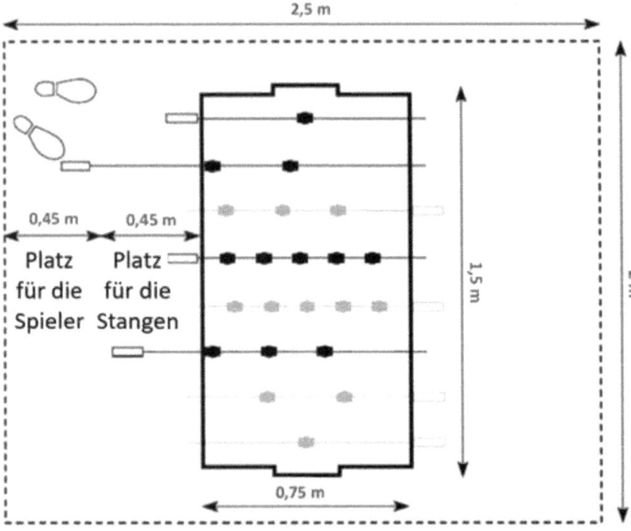

Abb. 2: Platzbedarf für einen Kickertisch (ITSF 2014)

Spielangebote schaffen

In den letzten Jahren hat sich der Tischfußball-Sport in Deutschland vor allem im Erwachsenenbereich mehr und mehr strukturiert und organisiert. Und auch die **Nachwuchsförderung** und die Jugendarbeit im Verein rücken immer mehr in den Fokus der Vereinsverantwortlichen. Hier soll dargestellt werden, wie Kindern und Jugendlichen Tischfußball nähergebracht werden kann.

Erste Ziele sind das Angebot von regelmäßigen, jugendgerechten Spielformen in Form von **Turnieren** (z. B. wöchentliches Turnier, 2 Stunden lang, wechselnde Formate, Rangliste anlegen, Gewinnerfoto machen und Wanderpokal einrichten) und der Aufbau von einem regelmäßigen, jugendgerechten **Training** (z. B. junge Vereinsspieler*innen bekommen Tipps und Tricks von älteren Vereinsspieler*innen in einem wöchentlichen Angebot). Als Höhepunkt bietet sich an, einmal im Jahr eine **Vereinsmeisterschaften** auszurichten, um den/die Vereins-Jugendmeister*in auszuspielen.

Personen und Kooperationen

Im Optimalfall kümmert sich ein/e Jugendwart*in mit einem **Team** von Betreuer*innen und Trainer*innen um die Jugendarbeit im Verein. Der/die Jugendwart*in ist die **erste Kontaktperson** und für die Organisation verantwortlich. Vereinstrainer*innen können ein wöchentliches Trainings- und Spielangebot anbieten. Der Verein sollte langfristig eine finanzielle

Aufwandsentschädigung für Trainer*innen installieren und lokale Förderungsmöglichkeiten prüfen. Ein weiterer wichtiger Schritt für die Nachwuchsförderung ist der Aufbau von **Kooperationen**, so dass der Verein ein Tischfußballangebot in einer nahegelegenen Schule oder einem Jugendhaus aufbaut.

Ausbilden

Durch eine Turnierorganisation in Schulen oder Jugendhäusern, bringen Vereinsspieler*innen automatisch den Betreuer*innen vor Ort bei, wie man Spielformen, Turniere oder eine Turnierserie ausrichtet. Informationen zur Jugendbetreuer*innen- bzw. eine Trainer*innen-Ausbildung für Vereinsmitglieder gibt es im noch jungen Ausbildungsbereich des DTFB.[3] Hier stehen neben der sportartspezifischen Ausbildung insbesondere die Implementierung der sportartenübergreifenden Themen, wie etwa Rechte und Pflichten oder Prävention sexualisierter Gewalt in den nächsten Jahren im Vordergrund.

Angebote von DTFJ und DEKITU

In diesem Abschnitt erläutern wir das Rahmenwerk Tischfußball-Erlebnisse, welches auf unterschiedliche Standorte angepasst werden kann. Zudem beschreiben wir erfolgreiche überregionale und regionale Kickercamps.

DTFJ: Tischfußball-Erlebnisse

Mit dieser Maßnahme soll bei Kindern und Jugendlichen das Interesse für den Tischfußballsport geweckt werden, ohne sich bei einem offiziellen Wettkampf messen zu müssen. Im Rahmen der Jungendleiteraus- und -fortbildung der Betreuer des Kickercamps wurde u. a. ein Konzept für das Tischfußball-Erlebnis der DTFJ erarbeitet. Hierbei entstand ein Rahmenwerk zur Durchführung von Einsteigerveranstaltungen rund um das Kickern.[4] Ein Tischfußball-Erlebnis kann eine Veranstaltung von wenigen Stunden zum Spielen und Trainieren oder Tagen z. B. im Rahmen von Wochenend- oder Ferienaktivitäten sein. Neben dem Spaß am Tischfußball möchte die DTFJ mit vielen bundesweiten Tischfußball-Erlebnissen die sozialen Kompetenzen der Kinder und Jugendlichen steigern und sie dabei unterstützen, Sportsgeist zu entwickeln. „Ich wünsche mir, dass viele Tischfußballvereine unser Rahmenwerk nutzen, um Tischfußball-Erlebnisse unter der Leitung qualifizierter DTFB-Jugendtrainer*innen durchzuführen, denn die Jugendlichen von heute sind die aktiven Vereinsmitglieder von morgen“, sagt der Bundestrainer der Juniorennationalmannschaft Peter Groß.

---

[3] dtfb.de/index.php/trainerausbildung
[4] dtfj.de/angebote/

Überregionale DTFB-Kickercamps

Das ursprüngliche Ziel für die Umsetzung eines Kickercamps war der Aufbau von offiziellen Lehrgängen zur Ausbildung der Junioren-Nationalmannschaft. Dieses Ziel hat sich im Laufe der Camps erweitert, so dass mittlerweile primär die Idee dahintersteht, einen **geeigneten Raum** für den Tischfußballnachwuchs zur Verfügung stellen zu können. In mehrzügigen Kursen werden für Anfänger ab 10 Jahren bis zum Juniorenweltmeister alle relevanten Bereiche des Tischfußballsports altersgerecht unter **Anleitung ausgebildeter Pädagogen** vermittelt. Trainiert werden die Kinder und Jugendlichen auch von amtierenden und ehemaligen Weltmeister*innen.

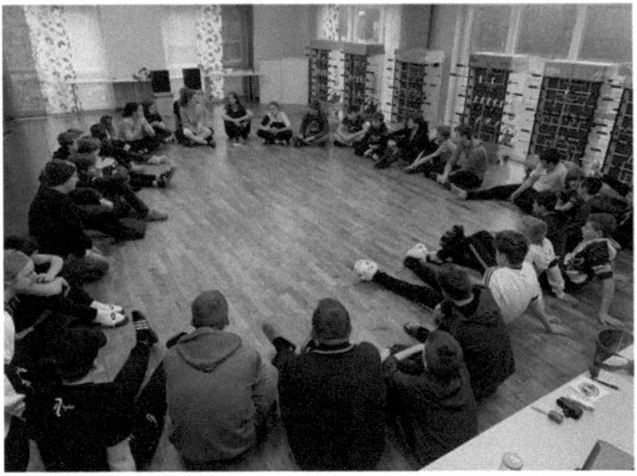

Teilnehmer*innen bei der Abschlussbesprechung des Kickercamps

Während am Tag der Kickertisch brennt, leuchten am Abend die Lagerfeuer: die DTFB-Kickercamps finden hauptsächlich auf einem der größten **Jugend-Zeltplätze** Europas, dem DPSG-Bundeszentrum Westernohe im hohen Westerwald statt. Die Ziele sind:

- ausdifferenzierte Trainingsangebote
- Ermöglichung einer schönen, gemeinsamen Zeit durch Spiel- und Spaßangebote
- Erhalt und Förderung der Motivation, Tischfußball zu spielen
- Vermittlung von neuen Aspekten des Tischfußballspiels
- Förderung von sozialen Fähigkeiten durch das gemeinsame Spiel
- Verbesserung von individuellen Fähigkeiten, wie bspw. Hand-Augen-Koordination, Konzentrationsfähigkeit und Körperbewusstsein

Regionale Kickercamps

Die regionalen Kickercamps beruhen auf Erfahrung des Projektes Norderstedter Kickerturniere (NOKITU) von Projektleiter Jené Halabi. Kinder mögen Ferienfahrten mit Übernachtungen besonders gerne. Sie vermitteln **Urlaubscharakter** und bleiben lange positiv in den Gedanken. Kickercamps durchzuführen, ergibt für die jeweilige Zielgruppe auf mehreren Ebenen Sinn. Zum einen wird ein Raum geschaffen, in dem sich Kinder und Jugendliche begegnen und sich unter **Gleichaltrigen** austesten sowie sich sportlich messen können. Zum anderen verbindet das Thema Tischfußball alle Teilnehmer*innen. Sie verbessern **spielerisch soziale sowie sportliche Fähigkeiten** und verknüpfen weiterhin positive Assoziationen mit dem Tischfußball an sich. Von daher sind Kickercamps für Anfänger*innen und Hobbyspieler*innen bzw. für den Bereich Breitensport auch für Sportvereine eine sehr sinnvolle Veranstaltung, da dadurch grundlegend der Nachwuchs gefördert wird. Umso mehr Kinder und Jugendliche mit dem Tischfußball möglichst früh in Berührung kommen, umso wahrscheinlicher ist es, dass ein Interesse am Vereinssport entsteht.

Kickercamps können gut in den Ferien stattfinden. Jugendeinrichtungen, Sportvereine oder Schulträger können sie z. B. mit und ohne Übernachtung sowie drei- oder fünftägig stattfinden lassen, entweder in **Eigenregie** oder in **Kooperation** mit Partnern. Auch außerhalb der Ferien ist die Durchführung von Kickercamps durch Schulen umsetzbar, dann z. B. als Projektwoche oder als Klassenfahrt. In den Ferien hängt die Zusammensetzung der Gruppe davon ab, ob eine bereits bekannte oder neu zusammengesetzte Gruppe erwünscht ist. Die **soziale Komponente des Tischfußballs** ist hierbei ein besonderes Merkmal. Schulsozialarbeiter*innen, die ein Ferienangebot schaffen wollen, das exklusiv für Kinder einer bestimmten Klasse, eines Jahrgangs oder einer Schule bestimmt ist, werden das Kickercamp nicht für externe Teilnehmer*innen ausschreiben. Besonders der regelmäßige Kontakt zu bestimmten Schüler*innen in der Alltagsarbeit von Schulsozialarbeiter*innen kann zu einer Vorauswahl von Kindern und Jugendlichen für das Camp führen. Ein Kickercamp kann hierbei, genau wie andere Ferienangebote, eine gute Möglichkeit sein, die Beziehung zwischen Schulsozialarbeiter*in und Schüler*in weiter zu festigen sowie dem Kind einen **geeigneten Rahmen** zu bieten, um sich weiterzuentwickeln und einen erstrebenswerten Umgang mit anderen Schüler*innen zu erproben. Die gemeinsam erlebte Zeit während des Camps kann positive Auswirkungen auf die Beziehung aller Parteien haben.

Mehrere Schulsozialarbeiter*innen aus verschiedenen Schulen oder Gemeinden, die ohnehin vernetzt sind oder sich dazu **vernetzen**, können ein **gemeinsames Camp** mit Teilnehmer*innen aus mehreren Schulen durchführen. Hierbei ist eine vorherige Zielsetzung und Festlegung der Zielgruppe wichtig. In Grundschulen bis Jahrgang vier kann die Durchführung für Drittklässler*innen besonders sinnvoll sein, da die verfestigte Beziehung in Klasse vier weitergeführt werden kann. Genauso kann die Durchführung an weiterführenden Schulen für Fünftklässler*innen sinnvoll sein, da sich dann ohnehin das Klassengefüge neu zusammensetzt. Bei allen Kickercamps im Bereich Breitensport ist das **Zusammenspiel zwischen den Anteilen** von Trainingszeiten, Herausforderungen sowie trainingsfreier Zeit und weiteren, freizeitpädagogischen Angeboten wichtig. Erfahrungen zeigen, dass eine tägliche Trainingszeit von drei bis vier Stunden nicht überschritten werden sollte. Dabei ist zu empfehlen, ein oder zwei Liga- bzw. Profispieler*innen als Kooperationspartner zu gewinnen. Der **Spaß** sollte im Bereich Breitensport im Vordergrund stehen.

Dennoch sind angeleitete Übungen und Tipps von Profis ein besonderer **Ansporn** für die Jugend. Die praktische Umsetzung der Trainingszeiten ist ausschlaggebend. Eine vorherige Abstimmung zwischen Projektleitung und Profispieler*innen ist hierbei ebenfalls wichtig. Eine gesunde Mischung von angeleiteten sowie freien Einheiten, Anleitung von Schusstechniken, Spiele im Einzel und Doppel sowie besonderen Spiel- und Spaßübungen tragen zu der Zufriedenheit der Teilnehmer*innen und Ausgewogenheit des Trainings bei. Hilfreich ist es, je nach Gruppe, feste Trainingszeiten für alle Teilnehmer*innen einzuplanen sowie weitere Zeiten einzuplanen, die nur durch Interessierte wahrgenommen werden. Dadurch verkleinert sich die Gruppe für diese Phase des Trainings. In dieser Phase können besonders engagierte und motivierte Teilnehmer*innen weiterhin an Schusstechniken trainieren. Zum Beispiel könnten zwei Trainingszeiten je neunzig Minuten pro Tag **verpflichtend** für alle Teilnehmer*innen sein. Darüber hinaus könnten jeweils dreißig Minuten **freiwilliges** Training im Anschluss stattfinden. Mittlerweile gibt es gute Lernvideos[5] im Bereich des Tischfußballs. Auch dieses Medium kann in das Training einbezogen werden. Auch die Einweisung in eine Turniersoftware[6] und die Durchführung von kleinen Turnieren können **abwechslungsreich** sein.

Erfahrungsberichte von lokalen und regionalen Standorten

Im Folgenden wird beschrieben, wie es lokal und regional in Jugendeinrichtungen, Schulen oder Vereins-Umgebungen unterschiedliche Situationen gibt, in die man Tischfußballspiel integrieren kann.

Beispiele im Tischfußballverband Hamburg (TFVHH)

In diesem Abschnitt werden die Aktivitäten im Jugendsport beleuchtet, die sich während des Aufbaus des noch jungen Landesverband Hamburg zwischen 2010 und 2020 entwickelten. Es wurden unter den Verantwortlichen wertvolle Erfahrungen gesammelt, an verschiedenen Standorten und mit unterschiedlichen Rahmenbedingungen, im Hobbysport wie im Leistungssport. Seit 2010 erlebte der Tischfußball-Sport in Hamburg in verschiedenen Bereichen einen Boom: Im **Erwachsenenbereich** spielen

---

[5] kickerschule.com
[6] kickertool.de

zu anfänglichen 8 Teams inzwischen über 120 Kickerteams im regelmäßigen Ligabetrieb des Tischfußballverbands Hamburg. 2017 wurde die Weltmeisterschaft in Hamburg als 5 Tage-Event mit 800 internationalen Sportler*innen ausgerichtet. Mit dem 8. Silpion Kickercup 2020 kamen zuletzt 2500 Menschen aus unterschiedlichsten Betrieben und Firmen zusammen und es gibt eine Sparte im Betriebssportverband Hamburg.

Hobbysport-Groß-Turniere

Im **Hobbysport** für Kinder und Jugendliche haben die inzwischen Deutsche Kickerturniere, kurz DEKITU, als Hamburger Kickerturniere, kurz HAKITU, ihren Anfang genommen. Dieses jährliche Angebot ist für das soziale Vernetzen von **Jugendzentren** oder auch Jahrgangsstufen in **Schulen** hilfreich: Jugendzentren können so einen Ausflug planen und andere Jugendzentren kennenlernen, Jahrgänge in Schulen lernen sich spielerisch und klassenübergreifend kennen. Die Turniere gehen 3-5 Stunden und haben die Besonderheit, exklusive Ligen anzubieten, für unterschiedliche Jahrgänge sowie auch für die Betreuer/innen. Der Träger-Verein hat einen Projektleiter, der mit verschiedenen ehrenamtlichen Teams, unter anderem vom FC St. Pauli und HSV, die Turniere mit den Standorten organisiert und durchführt.

Angebote in der offenen Jugendarbeit

In Hamburg ist der Kickertisch ein oft gesehenes Spielgerät in der **offenen Jugendarbeit**. Hier soll das Spielgerät in erster Linie Spaß machen. Durch Angebote vom Kicker-Ausflug zum HAKITU-Turnier bis hin zum regelmäßigen Vereins-Training können Jugendzentren ihren Schwerpunkt mit dem Tischfußball-Sport setzen.

Im Ackerpoolco (Jugendzentrum in Eidelstedt) ist beispielsweise das **internes Jahres-Turnier** ein Highlight für Besucher/innen und Freunde. Die Gewinner/innen bekamen einen Platz auf der Sieger-Tafel mit den Namen auf einer goldenen Plakette eingraviert. Somit bekommen Jugendliche, die im Kickern ein Händchen haben, eine Anerkennung. Zudem wurde vor dem Jahres-Event intensiver gekickert und ein Jugendhaus-Betreuer bereitete die Jugendlichen auf den „Wettkampf“ vor.

Der Jugend-Club in der Lenzsiedlung in Eimsbüttel hat für ein Jahr ein angeleitetes **wöchentliches Training** mit einem Jugendbetreuer und einem Vereins-Spieler etabliert. Hierbei war die Herausforderung, zunächst eine Gruppe von 8-12 Kinder und Jugendlichen zu formen. Durch Goalie-Einzel spielen lernten die Teilnehmer/innen erste Techniken und monatliche Turniere förderten Respekt und Anerkennung durch den Wettkampf. Die Lenzsiedlung wie auch die Wilde 13 in Eimsbüttel, bei der ein kickeraffiner Jugendbetreuer arbeitet, machten ein **Freundschaftsspiel** und nutzten das HAKITU-Turnier als Ausflugs-Möglichkeit in andere Stadtteile.

Im Jugendhaus Schorsch in St. Georg nahm eine gemischte Mannschaft aus Betreuer/innen und Jugendlichen an der **Hamburger Liga** der Erwachsenen teil. Für die Jugendlichen wurde Kickern als Sport betrieben, bei dem vor allem die 3h-Liga-Spiele einen echten Wettkampf boten. Die Jugendlichen erfuhren Lernerfolge: Zunächst lernten sie die Techniken der Betreuer/innen als ambitionierte Hobby-Spieler/innen. Einige Jugendliche wurden schnell besser. So konnte ein ganz neues Miteinander zwischen Betreuer/innen und Jugendlichen erfahren werden. Drei Jugendliche qualifizierten sich für die Deutsche Meisterschaft und nahmen an Weltranglistenturnieren teil. Ein Spieler spielt inzwischen im Verein in der Bundesliga-Mannschaft und ist im Erwachsenenbereich unter den Top 10. Wichtig beim Einstieg in den Kickersport waren die Betreuer/innen des Jugendhauses, die zu Anfang für die nötige Sicherheit sorgten.

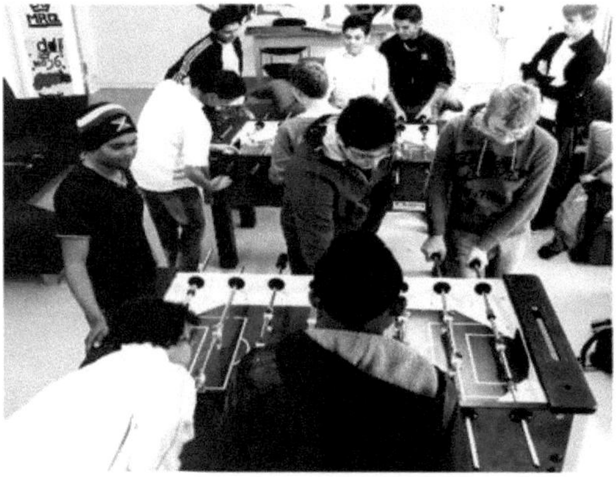

Abb. 3: Kickernde Jugendliche an einer Hamburger Schule

Auch im Haus der Jugend (HdJ) Lattenkamp finden Liga-Spiele im Erwachsenenbereich statt, und Vereins-Spieler haben schon immer regelmäßiges Training angeboten. Das HdJ war mit seiner kleinen Turnhalle schon öfters Austragungsort für das Hamburger Kickerturnier (HAKITU) und auch die Hamburger Landesmeisterschaften. Regelmäßige Turniere sorgten dafür, dass einige Jugendliche mehr wollten und in Liga-Mannschaften vom FC St. Paul und HSV integriert wurden. Inzwischen gibt es eine Mannschaft aus Jugendlichen und Betreuer/innen. Der Leiter des HdJ sieht den mehrschichtigen Mehrwert von Tischfußball und über die Jahre wurde der Standort so etwas wie das **Kickerstadion** für Hamburgs Jugendliche.

Angebote an und von Schulen

An einigen Schulen Hamburgs ist der Kickertisch ein wichtiger Bestandteil für Freizeiträume. Durch den Ganztagsschulbetrieb ist Kickern ein potenzielles Angebot, dass durch eine motivierte Lehrkraft in Zusammenarbeit mit Vereinen oder dem Verband attraktiv für Schüler/innen gestaltet werden kann.

Die Grundschule Louise-Schroeder und Stadtteilschule (Gesamtschule) Ida-Ehre haben Kickertische in ihren **Pausenbereichen**. Durch **angeleitetes Training** von Vereinsspielern des FC St. Pauli kommen Kinder und

Jugendliche in die erste Berührung mit dem Kickersport. Einige Jugendliche haben den Weg in Vereine und Liga-Mannschaften gefunden.

An der Stadtteilschule Alter Teichweg, die gleichzeitig Elite-Schule des Sports ist, stehen drei Tische im Freizeitraum. Dieser wird als **Nachmittagsangebot** als freie Kicker-AG genutzt. Die Schule stellt dafür eine bezahlte Honorarkraft. Diese Stelle hat ein erfahrener Vereinsspieler auch einige Jahre ausgeführt. Die Herausforderung war ein ansprechendes Programm für eine 20-köpfige heterogene Gruppe. Viele Spieleinheiten und Musik im Hintergrund sorgten für eine gute Basis. Von Zeit zu Zeit streute der Trainer dosiert Regeln oder Technik-Tipps ein. Einige Schüler*innen nahmen daher an der Hamburger Landesmeisterschaft teil. Hier soll die Zusammenarbeit in Zukunft bestehen bleiben und das Angebot vom Verband gefördert werden.

An der Schule Fränkelstraße wurde 2013 ein 7-Tages-Angebot im Rahmen einer **Projektwoche** konzipiert und durchgeführt. Eine Werklehrerin war die Initiatorin, die in Zusammenarbeit mit dem Verband ein Programm aus einem Mix von Kicker-Spielen, Kicker-Lernen und Werken bestand. Ein Vereinsspieler leitete die Kicker-Einheiten an und unterstütze bei der Turnierdurchführung. Im Werken-Teil standen unter anderem Inhalte wie Reparatur des Tischs, Kicker-Flipper und Kickertrikot basteln an. Am vorletzten Tag besuchte die Gruppe aus 10 Schülern die Kicker-Location Kixx am Vor- und Nachmittag und durften auf Profitischen spielen. Der O-Ton der Lehrerin: „Die Aufteilung Training-Werken fand ich klasse. Es war dadurch total kurzweilig. Den Schülern hat es sehr gut gefallen und sie haben auch eine Menge gelernt. Der Ausflug ins Kixx hat ihnen am besten gefallen. Am nächsten Tag wollten sie gar nicht mehr an unseren Kickertischen spielen.“

Jugendsport und Nachwuchsförderung in Vereinen und im Verband
Neben der ständigen Förderung von den oben genannten Projekten haben die Vereine und der Verband im **Leistungssport** über die Jahre über 30 Kinder und Jugendliche am organisierten Sport teilgenommen. Einige davon üben ihr Hobby nun im Erwachsenenbereich aus. Der FC St. Pauli mit seiner Spielstätte am Millerntor (Innenstadt) sowie der HSV mit seiner Spielstätte in Norderstedt (Außenstadtbereich) haben wöchentliche und **exklusive Training-Angebote** geschaffen. Vereinsspieler trainierten und förderten die Kinder und Jugendlichen im Erlernen des Sports. Zusammen mit dem Verband organisierten sie jährliche Landesmeisterschaften und boten an Sonntagvormittagen Junioren-Ranglistenturniere an. Auch wurden Bundesliga-Mannschaften für die U19-Bundesliga gestellt und gefördert, welche einmal im Jahr stattfindet.

Aus Vereinsstrukturen kommen auch **zwei Junioren-Nationalspieler** die inzwischen erfolgreiche Topspieler im Erwachsenenbereich sind: Marlin Sielfeld vom Verein Cim Bom Bom Wedel war unter anderem Deutscher Juniorenmeister, Hamburger Meister im Herren-Doppel und European-

Champions-League-Sieger. Nico Wohlgemuth aus Bad Bramstedt spielte unter anderem beim FC St. Pauli, ist vierfacher Juniorenweltmeister im Einzel, Doppel und mit der Junioren-Nationalmannschaft und gewann 2019 die deutsche Herren-Rangliste.

Neben der oben erwähnten Zusammenarbeit und Unterstützung, hat der Hamburger Verband am Anfang eigene **Gehversuche** in der Jugendarbeit gemacht und dann vor allem das **Jugendnetzwerk** strukturell gestärkt. Erste praktische Ansätze zur Jugendarbeit waren etwa ein Team-Cup in Zusammenarbeit mit der AWO im Leistungszentrum Kixx. Aufgrund des Gastronomie-Status kann das Kixx im Jugendsport private Öffnungen und Buchungen für diverse Kinder- und Jugendgruppen außerhalb des Gastronomie-Betriebs anbieten. 2012/13 wurde ein Seminar für Jugendbetreuer*innen veranstaltet, um den Kickersport für die Jugendarbeit attraktiv zu machen. Dieser Kurs wurde 2016 in Zusammenarbeit mit der Hamburger Sportjugend während der Bildungstage als offizielle Fortbildung angeboten und dient heute als wertvolle Vorlage zur Betreuer*innen-Ausbildung im DTFB.

Zentral für die **Strukturarbeit** waren die sportlichen Wettbewerbe wie U19 Rangliste und Landesmeisterschaft für die Qualifikation zur Deutschen Meisterschaft. Wegen der Nähe zu Schleswig-Holstein einigten sich die Verbände auf eine **überregionale** gemeinsame Landesrangliste ab 2018 in den Klassen U16 und U19, welches die Spielerschaft näher und vor allem größer werden ließ. Ergebnisse und andere Infos über den Jugendsport wurden auf der Verbandsseite zentral angezeigt. Ein regelmäßiger Austausch mit den Standort-Verantwortlichen konnten so das Jugendnetzwerk stärken.

Learnings

Der Kickersport eignet sich für Kinder und Jugendliche und kann ein schönes soziales Erlebnis sein. Dabei gibt es **unterschiedliche Rahmenbedingungen:** Standort, sozialer Status, Betreuer-Schlüssel, Tischmaterial, Spielniveau, ... Das Ziel ist aber stets den individuellen und sozialen Lernprozess der Kinder oder Jugendlichen anzuspornen und somit zu motivieren. An Standorten, wie Schulen & Jugendzentren, ist ein/e **Kümmerer/in bzw. ein/e Hauptamtliche/r** die wichtigste Komponente im Kickerbetrieb. Diese Person kennt die örtlichen Gegebenheiten sowie die Kinder und Jugendlichen am besten. Optimalerweise in Zusammenarbeit mit einer/m Vereins-Spieler*in (Trainer*in) kann so ein passendes Kicker-Angebot durchgeführt werden. Die Herausforderung für Vereine ist es, Kinder und Jugendliche an ihren jugendgerechten Standort zu bringen. Ein **Kooperations-Modell** mit einem Jugendzentrum oder einer Schule ist dabei von Vorteil, um an beiden Standorten jeweils angepasste Kickerangebote zu schaffen und diese zu verzahnen, z. B. freies Spiel oder Spaß-Turnier im Jugendhaus und Training im Verein.

Beispiel: Table Soccer Team Telgte (TSTT)

Das TSTT, die 1. Tischfußballmannschaft im Kreis Warendorf, wurde 2018 von Manuel Gallardo gegründet. Mit viel **Leidenschaft** und **Engagement** widmet er sich ehrenamtlich der Förderung der Kinder und Jugendlichen. Oberstes Ziel ist dabei die **Freude** und der **Spaß** am Spiel. 2018 hat der Nordrhein-Westfälische Tischfußballverband (NWTFV) als Ausrichter des Länderpokals nur mit Mühe und Not fünf Jugendliche aktivieren können, um als Mannschaft antreten zu können. „Das darf nie wieder passieren", dachte sich Manuel Gallardo und als Mitgründer des Tischfußballvereins Schovelkoten e. V. in Münster hatte er bereits mehrjährige Erfahrung in Aufbauarbeit und Weiterführung eines Vereins. So setzte er gleich seine Idee, eine langfristige und kompetente Jugendmannschaft zuverlässig für NRW aufstellen zu können in die Tat um und ein halbes Jahr später war das TSTT geboren.

Entwicklung

Angefangen hat das TSTT ganz klein. Neben Veranstaltungshinweisen auf einem Gehwegstopper an der Straße, die zu den Räumlichkeiten des Table Soccer Teams Telgte führt und an den Fenstern selbst und durch Mundpropaganda über Freunde, Bekannte und Familie wuchs der Bekanntheitsgrad stetig. Auch hat TSTT eine Online-Präsenz aufgebaut in diversen Facebook-Gruppen, auf der Webseite des NWTFV und auf der Nachbarschaftsseite nebenan.de. Das **Netzwerk nebenan.de** ist eine Internet-Plattform, die Dienstleistungen zu Aufbau und Förderung von sogenannten Nachbarschaften anbietet. Ziel des Netzwerkes ist es, in der Umgebung des eigenen Wohnsitzes Nachbarn kennenzulernen, Kontakte aufzubauen und zu vertiefen und sich gegenseitig zu helfen.

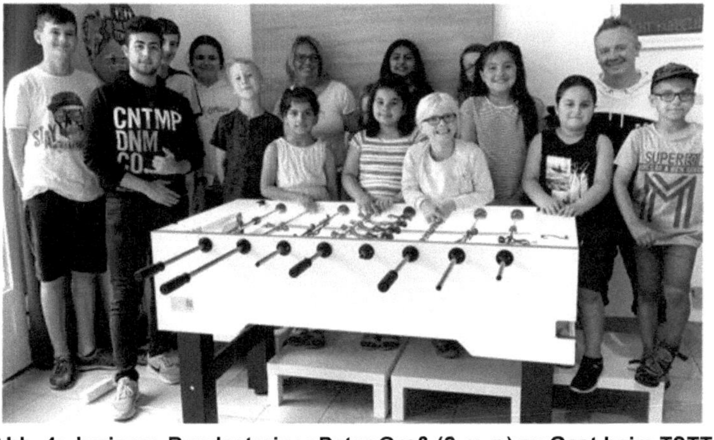

Abb. 4: Junioren-Bundestrainer Peter Groß (2. v. r.) zu Gast beim TSTT

Dazu ist es möglich, Veranstaltungen anzukündigen (wahlweise auch außerhalb der eigenen Nachbarschaft einsehbar). Das TSTT veranstaltet 1 x monatlich sonntags „Kicker für die ganze Familie – kostenfrei. Natürlich wurde auch der **Bundestrainer der Junioren-Nationalmannschaft** angekündigt. Außerdem ist es auf der eigenen Facebook-Seite zu finden. All diese Maßnahmen führten und führen immer noch dazu, dass TSTT einen **kontinuierlichen Zuwachs** hat. Des Weiteren lädt der Projektleiter zum Nachbarschafts-Tischfußball und geht Kooperationen mit Schulen in Telgte ein. Für die Offenen Ganztagsschulen (Mariengrundschule und Don-Bosco-Schule) wurden kostenfreie Ferienprogramme über 1-2 Tage in den Oster-, Sommer- und Herbstferien veranstaltet. Für die Erstklässler hat das TSTT Podeste besorgt. Mittlerweile ist TSTT auch über die Grenzen Telgtes hinweg **bekannt** und es darf einige Mitglieder aus anderen Städten begrüßen.

Kickern als Sport
Die offiziellen Veranstaltungen zum Sammeln von Ranglistenpunkten, um sich für verschiedene Turniere im NWTFV zu qualifizieren, ziehen Spieler*innen aus ganz NRW an. Diese Monster-DYPs erfreuen sich besonderer Beliebtheit und zeichnen sich durch hohe Spielqualität und einen **großen Lernerfolg für Kinder und Jugendliche** aus, da dort Anfänger*innen und Profispieler*innen an einem Tisch zusammenkommen. Weiterhin hat Manuel seit 2019 das TSTT im NWTFV-Ligasport angemeldet, indem das TSTT seine Fortschritte unter Beweis stellen kann.

Feedback von Eltern
„Unsere Tochter ist durch ein großes Kickerturnier, das Manuel veranstaltet hat, zum Tischfußball gekommen. Dort wurde ihr Interesse geweckt. Mit der Zeit hat sie viel dazu gelernt. Auch ihre **Frustrationsgrenze** ist deutlich höher geworden. Aufgrund von Manuels Engagement war es ihr möglich, an zahlreichen Turnieren teilzunehmen und so viele Erfahrungen sammeln zu dürfen. Unsere Tochter ist mit ihrer gesamten Persönlichkeit sehr gut in das TSTT aufgenommen worden und ihr **Selbstwertgefühl** ist gestiegen. Auch oder gerade an Niederlagen hat sie wachsen können. Es sind keine Wünsche offen, außer, dass es so weitergeht und sie den Spaß am Tischfußball nicht verliert."

„Unser Sohn hat erzählt, dass er in der Schule täglich mit Freude Tischfußball spielt. Die Lehrer haben ihm gesagt, dass er Talent hat. Er solle sich doch an das TSTT wenden, dieses hat sich auf das Training und die Förderung von Kindern und Jugendlichen im Tischfußball spezialisiert. Wir erleben, dass unser Sohn, seit er beim TSTT ist, viel besser **mit Niederlagen umgehen** kann, er freut sich jedes Mal auf Training und auch auf Turniere. Dank der Unterstützung des Trainers ist er binnen kurzer Zeit an die Spitze des Landes NRW in seiner Altersklasse aufgestiegen, was seinem Selbstbewusstsein sehr sehr gut tut. Wir wünschen uns, dass unser Sohn weiterhin so tolle sportliche Erfolge feiern kann, dass er weiterhin ein so großes Interesse behält und sich natürlich weiterhin **leistungsmäßig** steigert. Wir würden uns freuen, wenn dieses Jahr die Landesmeisterschaften stattfinden würden, denn wir rechnen uns gute Chancen für ihn aus."

„Unsere Tochter hat das Kickern durch eine Freundin für sich entdeckt. Sie ist sehr **ausgeglichen** und fühlt sich sehr wohl. Wir sind voll zufrieden: es wird gefördert und gefordert und auf Regeln geachtet. Das **Miteinander ist familiär und freundlich.**"

„Manuel hatte einmal zu einem Familien-Event eingeladen. Dort sind wir zum Tischfußball gekommen. Die Kinder **genießen das soziale Umfeld** und sind gerne dort. Gerade für unseren Sohn ist das ein Event, welches ihn von allein motiviert. Ich finde es gut, so wie es ist."

„Wir sind mit unserer Tochter zu einem Event beim TSTT gekommen. Sie entwickelte **positiven Ehrgeiz und Lernbereitschaft**. Spiel und Techniken sind für sie das wichtigste."

Zukünftige Entwicklungen
Für die Zukunft des TSTT plant Manuel, einen noch höheren Bekanntheitsgrad zu erreichen und noch mehr Kinder und Jugendliche für den Tischfußball zu gewinnen und zu **begeistern**. Es soll eine stabile und kompetente Junior*innen-Mannschaft für den NWTFV-Ligaspielbetrieb entstehen, die als Team fest zusammengewachsen ist.

DTFJ-Stützpunkte

Die DTFJ-Stützpunkte sind Erfolgsgeschichten in Sachen Jugendarbeit und Tischfußball. Sie zeichnen sich durch eine besonders sorgfältig konzipierte und qualitativ hochwertige Arbeit aus. Anerkannte Stützpunkte verfügen über ein vielfältiges Erfahrungswissen in pädagogischer Arbeit und haben häufig umfangreiche Vernetzungen mit lokalen Organisationen (städtische Integrationsstellen, Schulen, Jugendämter, Kirchen, Polizei etc.) aufgebaut. Weitere Stützpunkte können bei bestehenden Voraussetzungen der DTFJ gerne angemeldet werden.[7]

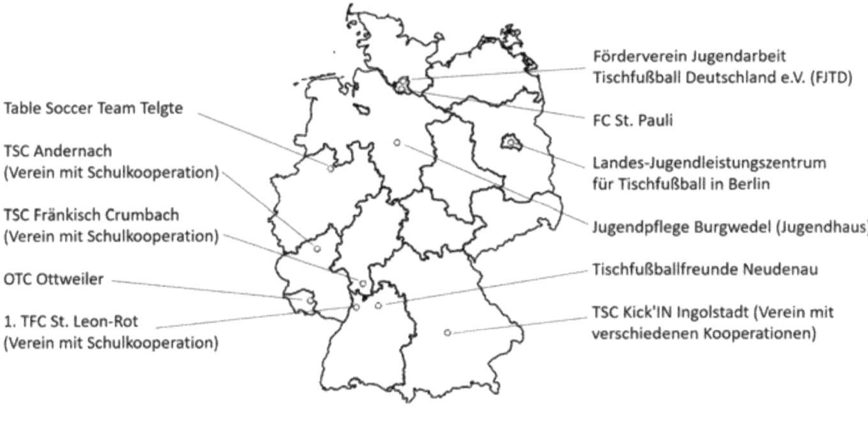

[7] dtfj.de/dtfj/kontakte/

3. Entwicklung von Kompetenzen

Tischfußball kann die Entwicklung von Kindern und Jugendlichen von einer sehr frühen Phase an begleiten. In diesem Kapitel sollen die Fähigkeiten und Kompetenzen, die Tischfußball fördert, dargestellt werden. Dabei wird ausgehend von den pädagogischen Ansätzen auf die sozialen und später auf die sportlichen Kompetenzen eingegangen.

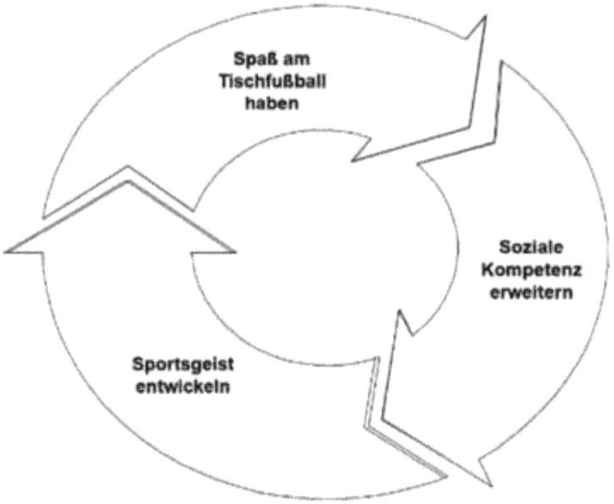

Schon Kinder haben individuelle Neigungen, Vorlieben, Talente oder Präferenzen. Werden diese in Anwendung und **Lernprozess** unterstützt und gefördert, dann können sie sich zu dauerhaften Kompetenzen entfalten. Kompetenz ist die Fähigkeit, erforderliches Verhalten situationsangemessen zu zeigen. Durch Anregungen und **vielseitige Erfahrungsmöglichkeiten** unterstützt der Tischfußball, in den Fähigkeiten geschickter und sicherer zu werden. Gleichzeitig lernen Kinder und Jugendliche von anderen, dass es unterschiedliche Wege zur Zielerreichung und Lösungsfindung gibt (Kooperatives Lernen). Und das alles geschieht herausfordernd und spielend einfach. Abb. 5 stellt die pädagogischen Ansätze beim Kickern dar. Es beginnt mit dem **Spaß am Kickern**, der in der Gruppe soziale Kompetenzen erweitert und Sportsgeist weckt.

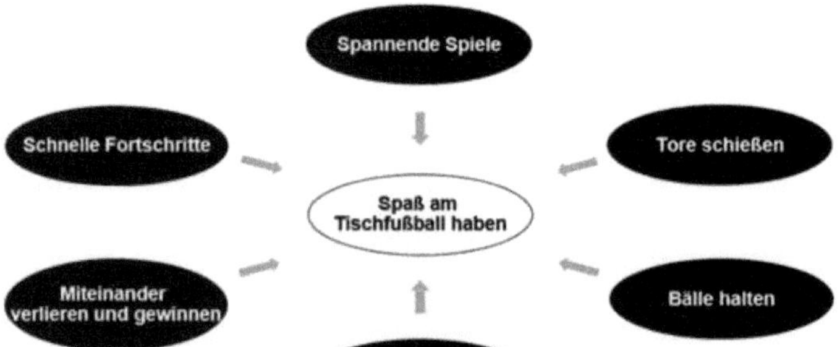

Abb. 6: Elemente von Spaß am Tischfußball

Anfangs sollte der Tischfußballtisch als **Spielzeug** dienen. Die Kinder sollten sich allein oder zu zweit auf einer Seite bzw. mit der Unterstützung von Erwachsenen auf der anderen Seite damit beschäftigen, was sie an dem Spielgerät interessiert. Das kann einfaches Bewegen der Stangen sein oder das Ziel, mit der Kickerfigur den Ball zu treffen. Der erste Schuss ins Tor wird eine große Begeisterung auslösen. Im Verlauf sind erhebliche Steigerungen der Hand-Auge-Koordination, der Fingerfertigkeit, der Geschicklichkeit und des Ballgefühls zu erwarten. Mehr und mehr können die in Abb. 6 beschriebenen Elemente den Spaß am Tischfußball fördern. Mit fortschreitenden Fähigkeiten kann dann das Spiel gegen einen Gegner oder in der Gruppe in den Vordergrund rücken. Dabei werden vor allem die im Folgenden beschriebenen sozialen Kompetenzen geschult.

Soziale Kompetenzen

Dass der Sport Kompetenzen fördert, ist bekannt. Tischkicker sehen wir als **ideale Lernorte sozialer Fähigkeiten** an. Kinder und Jugendliche lernen am Kickertisch Werte kennen und verinnerlichen diese spielerisch. Beim Kickern wird die **Fairness** groß geschrieben, das lernt etwa jede/r Teilnehmer*in eines DEKITU-Turnieres von Beginn an. Bereits die **Turnierregeln** zielen darauf ab. Bei der Begrüßung eines jeden Turniers werden die Regeln für alle erläutert und bewusst erwähnt, dass die Fairness hier wichtig ist. Die Umsetzung der Turnierregeln erfolgt an einem Turniertag vor, während und nach jedem Spiel. Dabei spielt es keine Rolle, ob es sich um ein Testspiel oder eins nach dem Turnierplan handelt. Durch die über zehnjährige Erfahrung der DEKITU-Turniere wurde festgestellt, dass die Turnierregeln spielerisch übernommen werden. Selbst in Problembezirken wie Hamburg-Kirchdorf z. B. spielt es keine Rolle, ob Teilnehmer*innen die Regeln zum ersten Mal hören, ihre Gegner kennen oder nicht. Die transparent gemachten Regeln gelten mit Betritt des Austragungsortes.

Vieles verbindet auf einem Tischkickerturnier. Das Interesse an der Sportart Tischfußball generell, die für alle geltenden Regeln, das gegenseitige Versprechen und der Blickkontakt dabei vor nach jedem Spiel mit jedem Gegner sowie die Akzeptanz, diese Regelumsetzung bei jedem Gegner einzuhalten. Der Sport verbindet. Völlig losgelöst davon, woher meine Gegner kommen, welche Sprache sie sprechen, welche Religion sie haben oder sie z. B. körperlich beeinträchtigt sind. Umso häufiger Kinder und Jugendliche bestimmte Werte wie **Toleranz, Respekt oder Akzeptanz** vermittelt bekommen und praktizieren, umso eher besteht die Möglichkeit, diese zu verinnerlichen. Dabei ist es sehr hilfreich, diese Übungen nicht theoretisch, sondern praktisch umzusetzen. Der Sport mit dem Tischfußball tut genau dies. Er bringt Menschen zusammen, schafft faire Begegnungen, bei denen u. a. diese Werte vermittelt und praktisch wieder und wieder umgesetzt werden.

Besonders das Spielen im Doppel fördert die **Kommunikationskompetenz**, die **Kooperationsbereitschaft** und die **Teamfähigkeit**. Das eigene Interesse am Tischfußball und der in der Regel bestehende Ansporn, gewinnen zu wollen, führen dazu, dass gemeinsame Absprachen getroffen werden. Es wird spielerisch gelernt, dass eine gemeinsame Vorgehensweise eher zum Erfolg führt als keine gemeinsame. Kinder und Jugendliche kommen durch den Tischfußball besonders schnell in Kontakt mit Gleichaltrigen. Dies kann u. a. in Form von Turnieren, Projekttagen, Kickercamps, Vereinsveranstaltungen oder Spieltagen stattfinden. Bei all diesen Formen wird die Kommunikationsfähigkeit gefördert. Die **Rücksichtnahme** der Jugend wird ebenfalls gefördert. Nicht nur dadurch, dass ich dem Gegner den Ball überreiche, wenn mein Team als letztes ein Tor geschossen hat, sondern vor allem bei dem Thema Gewinnen und Verlieren. So gut wie jedes Team verliert mal. Selbstverständlich wollen die meisten Teams gewinnen. Selbst wenn das eigene Team gewonnen hat, ist das Gefühl zu verlieren bekannt. Dadurch können sich Spieler*innen in **andere hineinversetzen** und denken spätestens nach dem Jubeln daran, sich bei den Gegnern für ein faires Spiel zu bedanken.

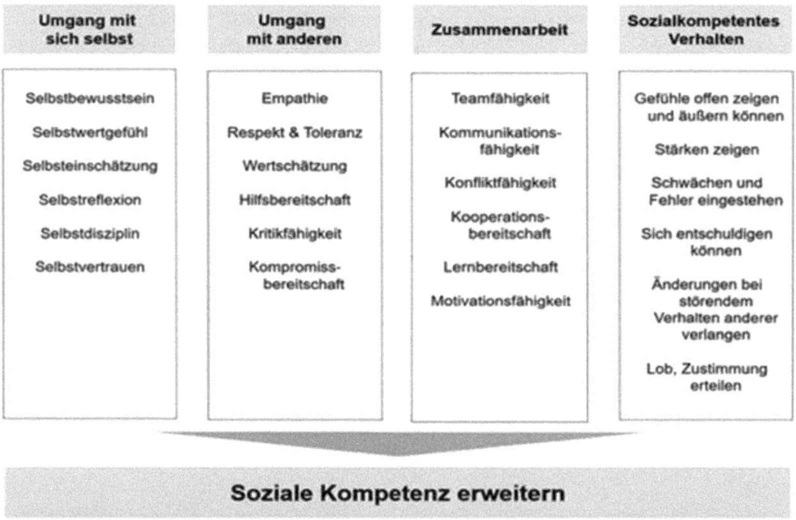

Die **Empathiefähigkeit** wird somit stetig gefördert. Dieses Verhalten bestätigt sich nach fast jedem Spiel und äußert sich in einem dementsprechenden Gesichtsausdruck bei mindestens einem Team. Die **nonverbale Sensibilität** wird dadurch ebenfalls zumindest bei den Gegnern gestärkt, weil sie die jeweilige nonverbale Ausdrucksweise der Gegner unbewusst oder bewusst lesen wollen. Alleine um einschätzen zu können, wann ich mich bei meinem Gegner für das faire Spiel bedanken kann, wird vorher die „Verfassung" der Gegner begutachtet und ein passender Zeitpunkt für das Händeschütteln oder die Aufnahme des Blickkontaktes eingeschätzt. Durch die Nachbesprechung der Teilnehmer*innen im Team oder die eigene Auseinandersetzung mit dem Spielverhalten steigt die **Kritikkompetenz**. Häufig wird das eigene Handeln alleine oder im Team reflektiert und es wird daran gearbeitet, beim nächsten Spiel nicht denselben Fehler zu machen.

Sportsgeist entwickeln

Mit fortlaufenden spielerischen Aktivitäten am Kickertisch entwickelt sich automatisch eine Verbundenheit mit den Herausforderungen des Sports. Wer etwas öfters betreibt, entwickelt intuitiv den Ansporn, auch sportliche Erfolge zu erzielen. Das müssen keine gewonnenen Spiele sein, sondern kann auch durch die Freude an erfolgreichen Aktionen charakterisiert werden. Ein getroffener Ball, eine gelungene Verhinderung einer gegnerischen Aktion, ein erfolgreicher Pass oder Torschuss erhöhen die Freude am Spiel und wirken sich positiv auf den Lernprozess aus, richtige Entscheidungen zu treffen.

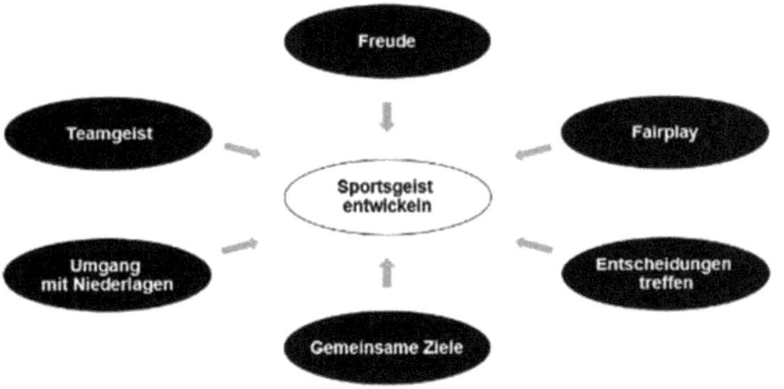

Im Umgang mit anderen Kindern und Jugendlichen entwickelt sich in der eigenen Mannschaft ein Teamgeist und man einigt sich auf gemeinsame Ziele. Gegenüber dem gegnerischen Team entwickelt sich ein Gefühl für das Fairplay. Da auch die besten Spieler*innen erfahrungsgemäß einmal ihre/n Meister*in finden, lernen alle auch den Umgang mit Niederlagen und können sich bei eigenen Erfolgen in die Gegner hineinversetzen und wissen, wie sich eine Niederlage anfühlt. Wie im Feedback der Eltern oben beschrieben, werden Empathie und Frustrationstoleranz gesteigert.

Sportliche Fähigkeiten

Im Verlauf einer längeren Zusammenarbeit mit der Trainingsgruppe muss den Kindern und Jugendlichen vermittelt werden, dass ein fortschreitender Erfolg nur mit entsprechendem eigenem Engagement zu erreichen ist. Dabei hat jede*r ihre/seine individuelle Lernkurve. Es sollte auf die Feinmotorik (Koordination, Schnelligkeit, Beweglichkeit), Ausdauer und Kraft (Grundfitness), Spielwitz, Taktik, Ehrgeiz, Wille und Fairplay eingegangen werden.

Körperhaltung

Grundvoraussetzung für Spaß am Spiel ist die richtige Bedienung des Spielgeräts. Werden die Funktionen der Stangen und der darauf montierten Spielfiguren nicht verstanden, können vor allem jüngere Kinder schnell das Interesse verlieren. Grundsätzlich beginnt das Tischfußballspiel mit der richtigen Körperhaltung, damit die feinmotorischen Fertigkeiten erlernt und umgesetzt werden können. Die Arme müssen so positioniert sein, dass es ihnen ermöglicht wird, die Stangen zum Körper hin und ggf. am Körper vorbei zu führen. Dieses fördert die Beweglichkeit im Oberkörper, in den Armen und Händen und ermöglicht im Einzel einen schnellen Positionswechsel durch Bewegung parallel zum Tisch.

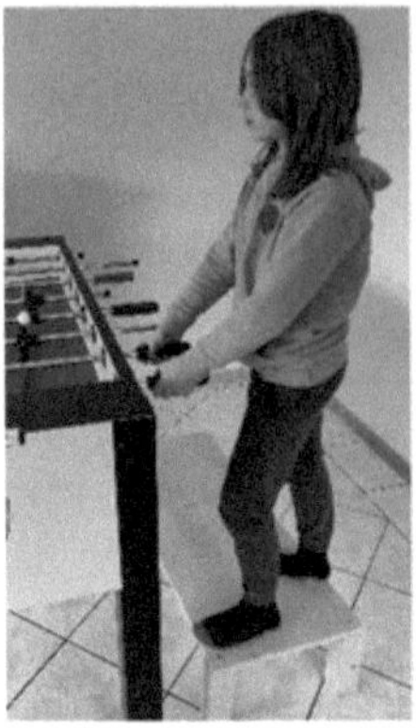

Handhaltung

Der Griff einer Kickerstange wird mit der ganzen Hand umschlossen. Dieses ermöglicht durch Vor- und Zurückklappen des Handgelenkes Ballkontrolle, also Ballannahme, Balltransfer (Dribbling und Passen) und das Schießen des Balles. Bei diesen Aktionen wird die Feinmotorik, die Koordination und die Reaktion geschult.

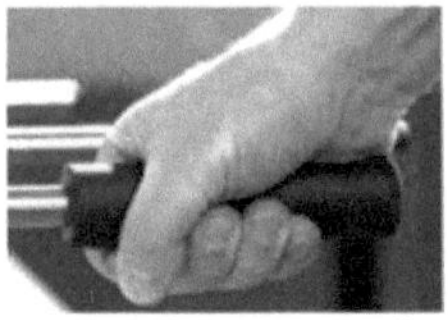

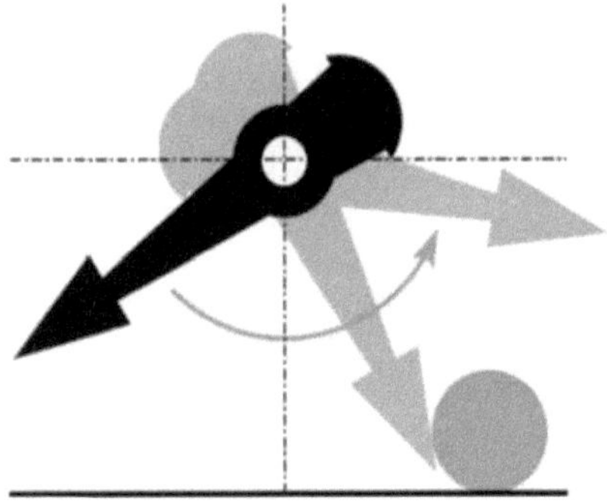

Zur weiteren Übung der Ballkontrolle und Koordination (siehe Abb. 7) kann der Ball auf einer Figur hin- und hergeführt (1), zwischen zwei Figuren gewechselt (2 u. 3) oder von vorne nach hinten geführt werden (3 u. 4).

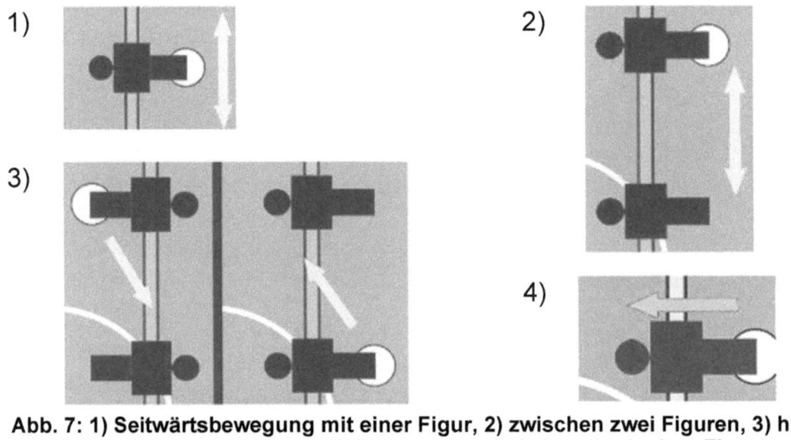

Abb. 7: 1) Seitwärtsbewegung mit einer Figur, 2) zwischen zwei Figuren, 3) hinten nach vorne einer zweiten Figur und umgekehrt, 4) mit einer Figur

Speziell für Kinder und Jugendliche wurde der Tischfußball-Ausweis der International Table Soccer Federation (ITSF) entwickelt.[8] In 10 aufeinander aufbauenden Stufen können die Spieler*innen ihr Können unter Beweis stellen. Die Übungen beginnen mit dem Bewegen der Stangen, enthalten später unterschiedliche Schüsse und Pässe und enden für Profis mit ganzen Spielzügen auf unterschiedlichen Tischmodellen. Die Übungen erlauben es, sich mit fortlaufend gesteigerter Komplexität immer wieder neuen Herausforderungen zu stellen. Dieses stärkt die Feinmotorik (Koordination, Schnelligkeit, Beweglichkeit), Ausdauer und Kraft. Ein erweitertes Repertoire legt die Grundlage für die Entwicklung von Spielwitz und Taktik. Die Selbstbestätigung, einen weiteren Schritt des Ausweises geschafft zu haben, erzeugt einen gesunden Ehrgeiz, weiter zu trainieren, um eine weitere Stufe zu erreichen und die eigenen spielerischen Kompetenzen so weiter zu verbessern.

Ebenfalls für angehende Profis und ambitionierte Spieler*innen sind die von Manuel Gallardo nach den Kickergesetzen von Wilfried Honekamp entwickelten 7 Kicker-Geheimnisse:

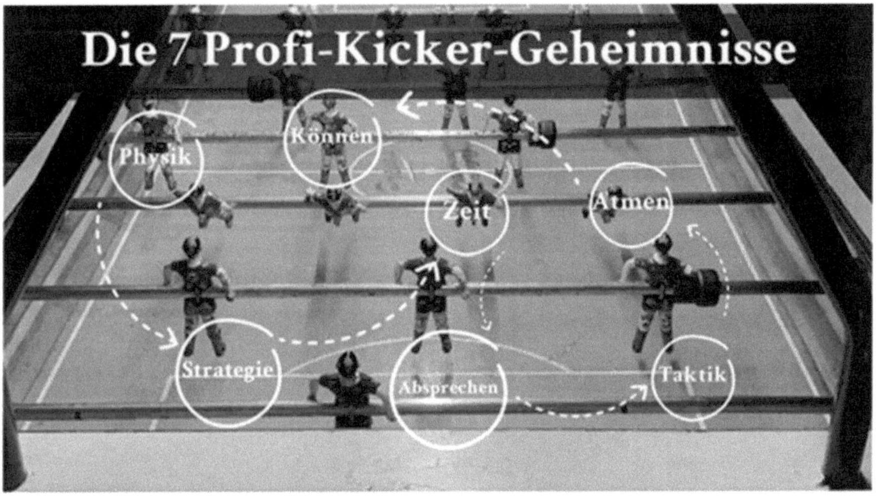

1. Die **Physik** gibt vor, dass man durch eine Puppe nicht hindurchschießen kann. D. h. man soll nicht einfach drauf los schießen, sondern sich einen Weg überlegen, an der gegnerischen Puppe vorbei zu kommen.
2. Die **Strategie** gibt vor, dass jede/r Spieler*in eine Aufgabe zu übernehmen hat, z. B. kurze Ecke - Torwartecke.

[8] dtfj.de/wp-content/uploads/2016/07/ITSF_Passport_German.pdf

3. Die **Zeit** beschreibt Zusammenhänge wie: steht die Abwehr still, ist der Ball im Tor, Schusszeit ist kleiner als Reaktionszeit oder wenn eine Lücke zu lange offen ist, dann wird der Ball ins Tor geschossen.
4. Das **Absprechen** beinhaltet Fragen wie: Wer fängt auf welcher Position an? Wer deckt beim Doppel welche Bereiche ab?
5. Die **Taktik** beschreibt das Zielgerichtete vorgehen, z. B. was einmal geht, geht auch zwei- oder dreimal.
6. Die Konzentration auf das **Atmen** ist auch für Tischfußballer*innen wichtig: Atme tief, ruhig und rhythmisch.
7. Das **Können** entscheidet häufig das Spiel. Dabei ist es aber genauso wichtig, zu wissen, was man kann und was man nicht kann. Im Training soll man üben, was man nicht kann. Im Spiel kommt es darauf an, Dinge zu machen, die man kann, nicht die man gerne können würde.

Weitere Ansätze für Trainingsinhalte auf verschiedenen Niveaus für Kinder und Jugendliche finden sich auf den Webseiten des ITSF und der DTFJ sowie in der Kivent Kickerschule.

4. Angebote und Spielformen

In diesem Abschnitt sollen die Möglichkeiten beleuchtet werden, Tischfußball-Angebote für Kinder und Jugendliche zu kreieren und bestehende Angebote in verschiedenen Spielformen abzuwandeln. Bevor mit dem Angebot begonnen werden kann, sollten man sich ein paar Fragen stellen, anhand derer geplant werden kann:

- Wie viele Tische habe ich zu Verfügung?
- Und wann?
- Welche lokalen Partner und Unterstützer habe ich?
- Wer plant und kommuniziert im Vorfeld?
- Wer führt durch?
- Was für eine Gruppe an Kinder- und Jugendlichen habe ich und wie ist deren Vorwissen?
- Was ist das Ziel des Angebots?
- Wie lange soll das Angebot dauern und was könnten Nachfolge-Angebote für die Teilnehmer sein?

Anschließend kann in die konkrete Planung eingestiegen werden.

Motivation & Beispiel

In einer wöchentlich stattfindenden **Kicker-AG (Schule)** oder einem **offenen Angebot (Jugendeinrichtung)** kann z. B. ein wöchentliches Spielangebot aufgebaut werden, mit wechselnden Inhalten: freies Spiel, Spielformen, wie z. B. Goalie-Einzel, Tischpflege, jeden Monat ein Turnier mit Gewinnerfoto und Wanderpokal.

Manchmal gibt es Heimregeln wie z. B. „aus der Mitte zählt nicht“, „wir spielen nur Einzel“, ..., die leicht von den offiziellen Regeln abweichen. Es lohnt sich diese zu Anfang zu akzeptieren und gemeinsam festzuhalten, und dann langsam anzupassen. Ggf. lohnt es sich, gemeinsam das Spielmaterial zu verbessern, und Tipps und Tricks von Profis zu bekommen. Um langfristig ein weiteres Ziel für talentierte Teilnehmer zu schaffen, sollte eine Kooperation mit einem lokalen Verein gesucht werden. Auch sollte man den Landesverband kontaktieren, um zu erfragen, ob es eine Schulmeisterschaft gibt, an der man als Schule als Jahres-Highlight teilnehmen kann.

Mit den nachfolgenden inhaltlichen Vorschlägen können sich Lehrer*innen, Betreuer*innen oder Übungsleiter*innen ein Bild machen, wie man eine Spielformen zusammenstellt ausprobiert oder ein Turnier plant und durchführt.

Zählweisen

Obwohl bei vielen Tischmodellen die Torzähler 10 Tore zählen können, wird **meistens bis 6 Tore** gespielt - manchmal aber auch bis 5 oder 7 Tore. Wer also zuerst 6 Tore geschossen hat, gewinnt die Partie. Als wichtigste Zusatz-Variante gilt die **Unentschiedenregel**, die man in der

Vorrunde eines Turniers anwendet: Bei 5 zu 5 Toren geht der Satz unentschieden aus. Wenn man länger gegeneinander spielen will, wird wie beim Tennis dann über **mehrere Gewinnsätze** gespielt. Das bedeutet, derjenige, der zuerst eine festgelegte Anzahl von Sätzen gewinnt, gewinnt die Partie. Am gängigsten sind zwei Gewinnsätze (engl. "Best of three"), bei dem derjenige die Partie gewinnt, der zuerst zwei Sätze gewinnt. Mit 2:0 Sätzen hat man also gewonnen oder es können maximal drei Sätze gespielt werden, falls es nach den ersten beiden Sätzen 1:1 steht, dann gibt es einen dritten, entscheidenden Satz, und die Partie geht dann 1:2 oder 2:1 aus.

Disziplinen

Im Tischfußball gibt es zwei grundlegende Disziplinen:

Einzel: Beim Einzel spielt man eins gegen eins und jeder bedient mit seinen zwei Händen seine vier Stangen.

Doppel: Für ein Doppel-Match braucht man 4 Spieler und spielt zwei gegen zwei. Jedes Team hat einen Torwart, der die 1er- und 2er-Stange (Abwehrbereich) bedient, und einen Stürmer, der die 5er- und 3er-Stange (Mittelfeld und Sturm) bedient.

Ebenfalls sehr beliebt und geeignet für größere Gruppen ist der **Team-Wettbewerb**, bei dem zwei Teams mehrere Einzel- und Doppel-Partien nacheinander spielen. Am Ende gewinnt das Team, welches die meisten Spiele gewonnen hat. Ein Beispiel für ein 3-Personen-Team ist:

- Teamgröße: Jedes Team hat jeweils drei Spieler
- Spielplan: Es werden 6 Spiele gespielt, nämlich drei Einzel und drei Doppel, nacheinander im Wechsel: Einzel 1, Doppel 1, Einzel 2, Doppel 2, Einzel 3 und Doppel 3.
- Aufstellung: Jeder spielt ein Einzel und zwei Doppel mit dem jeweils anderen, also in Doppel 1 spielen Einzel 2 und Einzel 3 Spieler zusammen, in Doppel 2 spielen Einzel 3 und Einzel 1 Spieler und in Doppel 3 spielen Einzel 1 und Einzel 2 zusammen.
- Ergebnis: Gewinnt man ein Spiel bekommt das Team einen Punkt. Damit sind bei 6 Spielen insgesamt 6 Punkte zu vergeben. Eine Partie kann also z. B. 6:0 oder 4:2 oder 3:3 Unentschieden ausgehen.
- Penalty-Schießen: Bei Unentschieden kann man zusätzlich eine Art Elfmeterschießen (Jedes Team 5 Schüsse von der Sturmreihe) durchführen, um einen Gewinner endgültig zu ermitteln.
- Je nach Spieleranzahl und Teamgröße kann man den Spielplan und die Aufstellungsregeln natürlich variieren. Eine beliebte und spannende Variante bei der Zählweise ist, dass man alle Tore zusammenzählt, d.h. zum Beispiel nach obigem Spielplan: Einzel 1 spielt bis eine Seite 3 Tore hat, Doppel 1 übernimmt den Spielstand und spielt bis einer 6 Tore hat, usw. Das bedeutet, die Partie endet, wenn Doppel 3 das 18. Tor erzielt. Hier ist die Besonderheit, dass jedes Tor wichtig ist!

Spielformen

Am Tischkicker kann man neben der Einzel-, Doppel- und Team-Disziplin noch ganz andere Varianten spielen, die den Spaß in der Gruppe hochhalten und spielerisch einen Trainingseffekt haben. Durch Variation der Spieleranzahl und/oder Anpassung der Regeln in verschiedenen Wettkampfrahmen, können unterschiedlichste Spielformen zusammengestellt werden.

Anzahl der Spieler

- allein am Tisch: Quote aus 10 Versuchen (Dribbling, Passen, Schießen, usw.)
- Einzel: 2 Spieler, 1 pro Team, siehe oben
- Doppel: 4 Spieler, 2 pro Team, siehe oben
- Team-Spielplan: mind. 3 Spieler pro Team. Abwechselnd Einzel und Doppel-Partien, siehe oben
- Rotation: 3 pro Team, Doppelstellung, nach jedem Tor wird die Position gewechselt.
- 4 gegen 4: 4 Spieler pro Team, jeder greift nur eine Stange, nach Tor Positionswechsel

  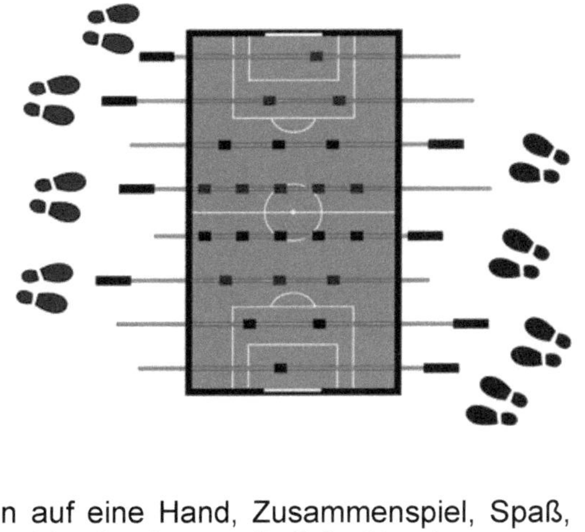

  Das ist das ideale schnelle Teamspiel, bei dem unter Garantie viel gelacht wird! Spieleranzahl: 8, Aufstellung: Jeder greift mit einer Hand eine Stange. Wenn ein Team ein Tor erzielt, wechselt dieses die Positionen: Jeder rückt eine Stange vor und der Stürmer geht an die Torwartstange.

  Trainingseffekt: Konzentration auf eine Hand, Zusammenspiel, Spaß, Variationen: Alle nur die rechte Hand, oder nur die linke Hand.
- 3 gegen 3: 3 Spieler pro Team, jeder greift nur eine Stange, die freie Stange kann der nächste Spieler übernehmen.
- Zwei gegen Einen: Ein Doppel spielt gegen einen Einzelnen. Punkte sammeln kann nur der Einzelspieler, und behält seine Position bei eigenem Tor. Erzielt das Doppel ein Tor wird im Uhrzeigersinn rotiert.
- Goalie-Runde: 3 und mehr. 2 Spieler gehen ins Goalie, die restlichen stellen sich dahinter an. Jeder hält einen, schießt einen auf den neu reingekommen, und geht weiter oder raus. Raus ist man, wenn man einen kassiert, aber keinen trifft. Drin bleibt man, wenn man selbst trifft ("Rettung").

- Runde: 5 und mehr Spieler. 4 Spieler nehmen jeweils Doppelpositionen ein, die restlichen Spieler stellen sich hinter den Stürmern an. Bei Tor wird gegen den Uhrzeigersinn (Außen wird Stürmer, Stürmer wird Torwart, usw.) gewechselt, und der Torwart des Teams, welches das Tor kassiert hat, fliegt raus.

<u>Regeln</u>

- Goalie-Einzel: 3er und 5er Reihen werden hochgeklappt (und z. B. mit einem Gummiband befestigt) oder bei Stangenwechselsystemen herausgenommen.
  Das Goalie-Einzel ist das optimale Anfängerspiel. Durch das Hochklappen und nicht Benutzen der Mittelfeld- und Stürmer-Stangen wird das Tischfußball-Spiel vereinfacht: Jeder Spieler bleibt im Abwehrbereich und versucht mit Torwart- und 2er-Stange Tore zu verhindern und Tore zu erzielen.

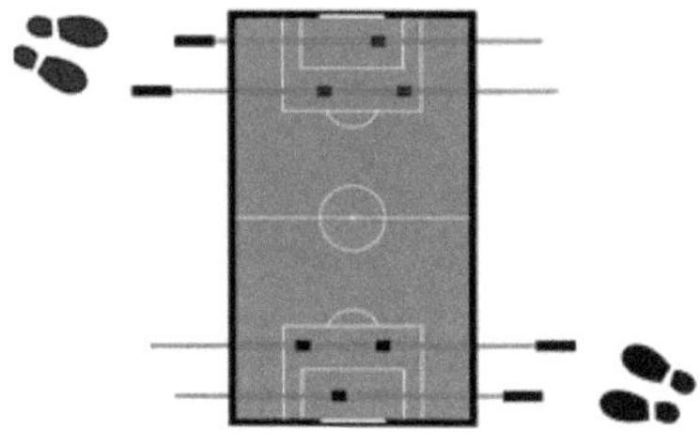

- Abstoß: Anstoß beim Torwart
- Überkreuz: Abgeändertes Doppel, ein Spieler greift die Torwart- und 3er-Reihe, der andere die 2er- und die 5er-Reihe.
- Anderer Ball: griffiger, glatter, weicher (Squash), kleiner, ...
- Mehrere Bälle: 2 Bälle bis X, wer schießt mehr?
  Bei diesem Spiel werden zum Anstoß 3 Bälle statt wie üblich 1 Ball eingeworfen. Das fordert schnelle Reaktionen und bestimmt kann man bei diesem Spiel nicht ruhig bleiben

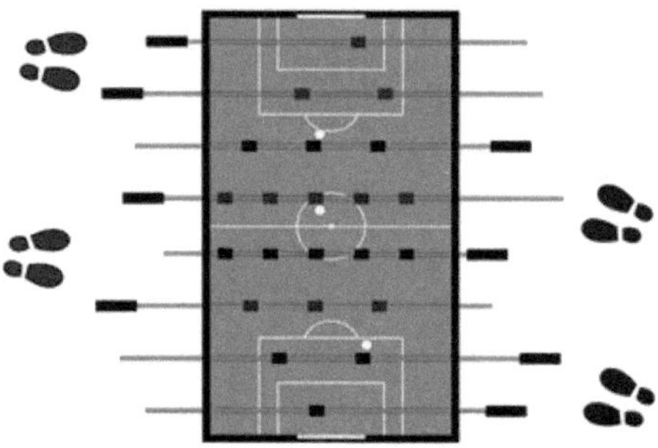

- Rollerball (Italienisch): Ball darf nicht gestoppt werden. Maximal drei Figuren Berührungen, kein direktes Tic-Tac nur über Seitenbande.
- Rollerball (US): 2 Bälle, zum Start jeweils von der Ecke des Torwartbereichs. Ball darf nicht gestoppt werden.
- Three-Ball Rollerball: 3 Bälle, 1 Ball auf den Mittelpunkt, sonst wie Rollerball.
- Elfmeterschießen: Der Stürmer schießt von der Stürmerreihe auf den Torwart, danach wird getauscht. Jeder hat 5 Schüsse.
- One touch: Maximal eine Berührung pro Bereich
- Two touch: Mindestens zwei Puppen-Berührungen auf einer Stange (Torwart- und Verteidiger-Reihe zählen als eine Stange).

- Speedball: Ball darf nicht gestoppt werden. Maximal 3 Sekunden in einem Bereich
- Pass-Bonus: Doppel, für einen erfolgreichen Pass von 2 auf 3 gibt es einen Punkt.
- Nachmachen ("Simon says"): Ein Spieler macht ein Dribbling, Pass oder Schuss vor, der andere muss diesen nachmachen. Variation: im "Ich packe meinen Koffer"-Stil. Misslingt ein Schuss bekommt der andere ein Punkt.
- Nur eine Technik: Es wird eine bestimmte Technik verlangt, z. B. Pass/Schuss muss per Tic-Tac gespielt werden.
- Zeit lassen: Mind. 5 Sekunden Ballbesitz vor Pass/Schuss.
- Spiel mit Augenklappe
  Zu Beginn des Spiels trägt pro Team eine/r der beiden Spieler*innen eine Augenklappe. Pro Tor, das ein Team in Führung geht, muss eine weitere Augenklappe aufgesetzt werden. Bei einem Spielstand von beispielsweise 5:1 trägt die eine Mannschaft weiterhin insgesamt eine Augenklappe, während die andere Mannschaft mit insgesamt vier Augenklappen blind spielen muss. Verringert sich die Führung, können die zusätzlichen Augenklappen nach und nach wieder abgesetzt werden.

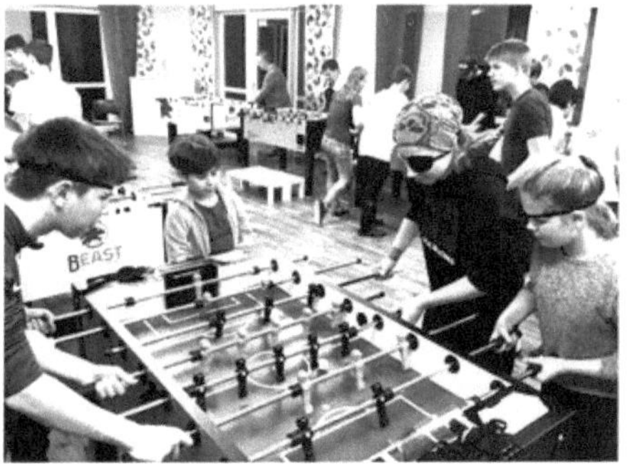

<u>Wettkampfrahmen</u>

- Teams losen: alle in einen Topf (DYP), Starke und Schwächere Spieler jeweils in einen Topf
- Runden (feste Teams): Jeder gegen Jeden optional in mehreren Gruppen, Schweizer System (mittels Software), siehe unten
- Monster-DYP (mittels Software): jede Runde ein wechselnder Partner, siehe unten
- KO-Runde: klassischer KO-Baum. Damit alle gleich viel Spiele haben, werden alle Plätze ausgespielt, siehe unten.
- Forder-Pyramide: als Spieler kann man Spieler in der gleichen Reihe oder eine Reihe drüber fordern.
- Rangliste: Für jeden Wettkampf/Turnier kann eine Hausrangliste angelegt werden.

Turniere

Turniere sind die Wettkämpfe beim Tischfußball. Hier werden Wochen- oder Monats-Gewinner ausgespielt, Winter- und Jahres-Meister gesucht und Landesmeister, Deutsche Meister und Weltmeister gefunden! Dabei gibt es viele Varianten, wie man ein Turnier gestalten kann. Im Folgenden werden drei Varianten Beispiele vorgestellt, die unterschiedliche Zielsetzungen verfolgen. Diese Beispiele können genauso gut für eine Gruppe an einer Hochschule, in einer Ausbildungsstätte, in einem Betrieb oder auch in einem Verein durchgeführt werden. Das Monster-DYP und das klassische Turnier mit Vorrunde im Schweizer System und einer KO-Runde kann bspw. mit dem „Kickertool" durchgeführt werden, was eine kostenlose (Online-)Anwendung ist.

Gewinner bleibt

Als „Fordern" ist dieses Spiel auch im freien Spiel bekannt: Spielen zwei Teams ein Spiel an einem Tisch, gilt das ungeschriebene Gesetz „es darf gefordert werden". Durch das Klopfen mit der Hand auf die Tischkante. Diese Variante ist eher ein typischer Modus eines offenen Betriebs, als ein Turnier.

- Spieleranzahl: ab 3 Einzel/Doppel-Teams für einen Tisch
- Dauer: ab einer halben Stunde
- Zählweisen: typischerweise ein Satz bis 6 Tore
- Modus: Es wird ggf. eine Startreihenfolge festgelegt und die ersten beiden Teams spielen gegeneinander. Der Gewinner einer Partie bleibt am Tisch stehen und das nächste Team in der Reihe ist der nächste Gegner. Das ausscheidende Team stellt sich hinten an.
- Gewinner (optional): Das Team, welches die meisten Spiele gewinnt oder hintereinander eine vorher bestimmte Anzahl an Spielen gewonnen hat, gewinnt das Turnier.
- Wettkampfrahmen: Typischerweise im freien Spiel oder im Training. Zusätzlich kann eine Rangliste oder Tabellen angelegt werden, für die die Tages-Gewinner 1 Punkt erhalten.
- Anmerkung: Wenn das Spielniveau zu heterogen ist, bleiben die Besten immer am Tisch. Das kann motivierend aber zugleich auch frustrierend auf andere wirken.

Monster-DYP

Dieser Turniermodus ist rundenbasiert mit wechselnden zugelosten Partnern (DYP = Draw your partner). Jede/r Spieler*in sammelt dabei für sich Punkte und eignet sich, um Abwechslung in eine Gruppe zu bekommen, mit dem Hintergrund sich jede Runde mit seinem neuen Partner abzusprechen und zu einigen, wie man zusammenspielt, also wer als Stürmer und wer als Torwart spielt.

- Spieleranzahl: ab 4 Personen
- Dauer: 15 Minuten bis
- Zählweise: typischerweise ein Satz bis 6 Tore
- Modus: Wurden alle Spiele einer Runde gespielt, wird eine neue Runde gelost.

- Gewinner: Nach einer festgelegten Anzahl von Runden gibt es eine Abschlusstabelle
- Anmerkung: Dieser Modus eignet sich, um die Gruppe zu durchmischen, und gleiche Spielanteile für alle zu haben. Optional kann man zusätzlich eine festgelegte Zeit pro Runde vereinbaren, so haben alle die gleiche Spielzeit.

Monatliches Jugendhaus- oder Schul-Turnier

Mit diesem Turniermodus wird eine monatliche Abwechslung als auch ein Trainingsziel geschaffen.

- Vorbereitung: Zu Anfang einer (Winter-)Saison (Oktober bis März) werden 6 Termine benannt (z. B. der 2. Mittwoch im Monat), an denen ein Turnier stattfindet. Die Saison kann an eine regionale Jugendhaus- oder Schulmeisterschaft angepasst werden, die am Ende der Saison als Abschluss steht. Für typischerweise einen Tisch bietet sich ein Doppelturnier an. Ein Jugendbetreuer oder ein Lehrpersonal ist ausreichend, um ein solches Turnier auszurichten. Dieser sollte sich vor allem überlegen, ob eine Turniersoftware helfen könnte und sich damit im Vorfeld vertraut macht.
- Spielmodus: In einem Zeitrahmen von 2 Stunden bietet sich an, bei einem Tisch und mehr als 4 Teams, eine lange Vorrunde zu spielen und am Ende ein Finale. Für viele Spiele bietet sich ein Satz auf 6 Tore an mit 5:5 Unentschieden an. Als Spielplan kann ein Jeder-Gegen-Jeden-Modus oder das Schweizer System gewählt werden. Nach Ende der Vorrunde spielt der Zweit- und der Erstplatzierte eine Finalpartie aus.
- Ausschreibung: Der Organisator sollte ein Plakat oder ein Flyer mit den Terminen das Doppelturnier im Tischfußball bewerben.
- Durchführung: An jedem Turniertag können sich die Doppelteams beim Organisator bis zu einer bestimmten Uhrzeit anmelden. Der Organisatoren kann entscheiden, ob später ankommende Teams noch nachträglich einsteigen können, was bei einer rundenweisen Losung in der Vorrunde (z. B. Schweizer System) problemlos möglich ist. Der Turnierorganisator sollte das Voranschreiten des Turniers beobachten, um etwa nach einer Stunde bekannt zu geben, wie viele Vorrunden noch gespielt werden und wann damit die Abschlusstabelle feststeht.
- Siegerehrung und Preise: Preise sollten Medaillen oder kleine Pokale für die Gewinner und Urkunden für alle Teilnehmer sein. Ein Gruppenfoto aller Teilnehmer mit ihren Preisen sollte für eine Gewinnertafel im Jugendhaus oder in der Schule gemacht werden. Falls gewünscht kann das Bild auch bei Facebook oder auf die Homepage gepostet werden.
- Ergebnisse: Neben der Gewinnertafel können die Ergebnisse mit der entsprechenden Turniersoftware auf eine Webseite hochgeladen werden oder alter nativ ausgedruckt werden. Desweiteren kann ein Medaillenspiegel oder eine Rangliste angelegt werden, um einen Gesamtgewinner am Ende der Serie zu küren.

Manipulationen an den Tischen

Um Abwechslung in das Spiel zu bringen und zur Steigerung der Agilität der Kinder und Jugendlichen, d. h. der Fähigkeit, sich schnell auf neue Rahmenbedingungen einstellen zu können, kann der Kickertisch auf verschiedene Weise manipuliert werden. Diese Manipulationen sollten den Spieler*innen erläutert werden. Für die nachfolgend beschrieben Manipulationen sollten nur robuste Kickertische, z. B. empfehlenswerte Sportgeräte der Tischpartner des DTFB verwendet werden.

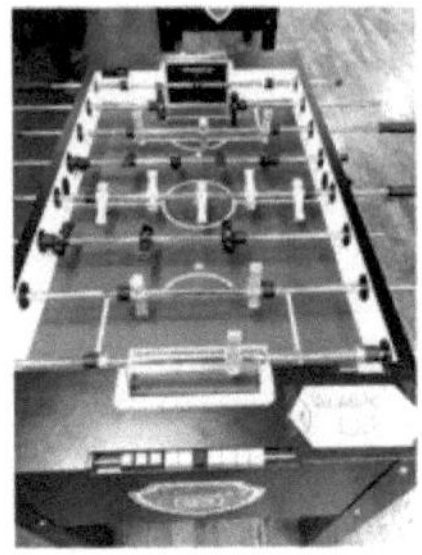

- Verdrehte Welt

  Bei dieser Manipulation werden auf einzelnen Stangen die Figuren z. B. abwechselnd nach oben gedreht. Hier werden Feinmotorik und Auffassungsgabe gefördert, da die Stange für die Berührung mit jeder zweiten Figur gedreht werden muss.

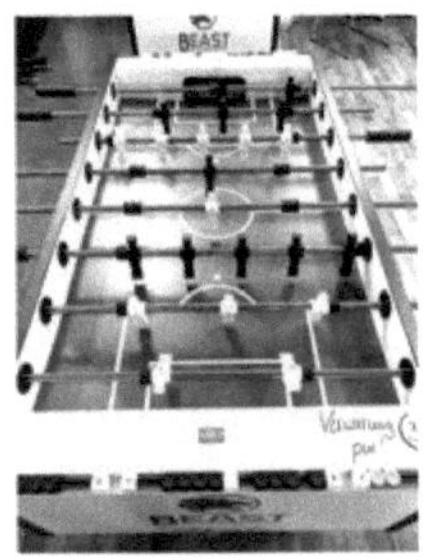

- Verwirrung pur

  Hier werden verschiedene Stangen des Tisches vertauscht. Dabei müssen ggf. Spieltaktik und diverse Techniken angepasst werden.

- Dicke Finger

  Hierbei werden die Griffe der Stangen, z. B. mit Klopapierrollen, dicker gestaltet. Nun müssen sich die Spieler*innen auf die neuen Drehbewegungen der Stange einstellen und ihre Schuss-, Pass- und Bewegungstechniken anpassen.

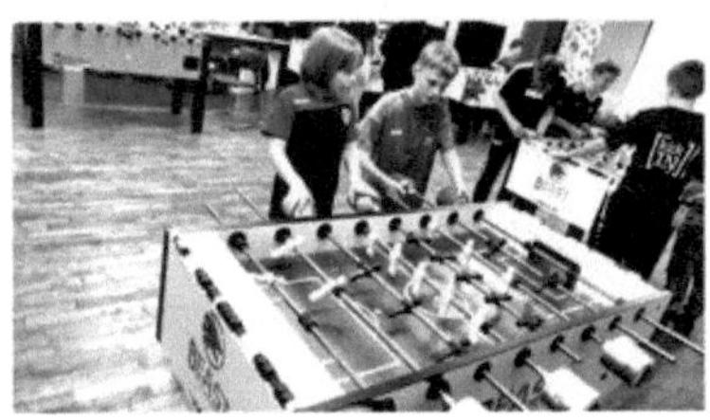

- Veränderungen an den Bällen

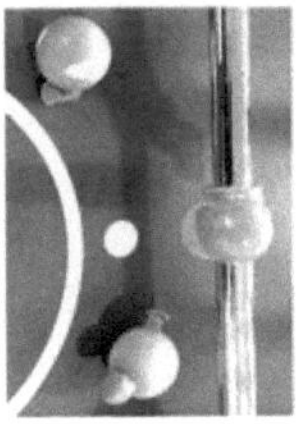

  Die Bälle können auf verschiedene Weise manipuliert werden. Lustig, wenn oft nur von kurzer Dauer, ist das Überziehen mit einem Luftballon, was die Spieleigenschaften massiv beeinflusst. Gleiches gilt für Bälle, die künstlich verformt werden. Das ungewohnte Verhalten der Bälle steigert das Reaktionsvermögen der Kinder und Jugendlichen.

Referenzen

Aktion Mensch (2021): Die Förderung der Aktion Mensch. aktion-mensch.de/foerderung/

DTFB (2021) Tischpartnerschaft. dtfb.de/index.php/partner/tischpartner-schaft

DTFB (2021) Ausbildungsangebote. dtfb.de/index.php/trainerausbildung

DTFJ (2020): Trainings-Materialien. dtfj.de/angebote/ausbildung/materia-lien

DOSB (2015): Ehrenkodex. dsj.de/kinderschutz/materialien-der-dsj-des-dosb/

Gallardo, M. (2021): Historie Presseberichte TSTT. padlet.com/JIT_Coach/Storyboard_Presse_TSTT

ITSF (2014): Tischfußball-Grundlagen. dtfj.de/wp-content/uploads/2016/07/ITSF_Basics_guide_German.pdf

ITSF (2016): Tischfußball-Ausweis. dtfj.de/wp-content/uploads/2016/07/ITSF_Passport_German.pdf

Kivent (2019): Kickerschule. kickerschule.com

Landesjugendring Niedersachsen e.V. (2020): juleica.de – das Online-portal rund um die Jugendleiter/-in Card. www.juleica.de

Poppen, H. (2020): Kickertool. kickertool.de

Tischfussballverband Hamburg (2020): Unsere kleine Einstiegshilfe für Kickerbegeisterte. kickern-hamburg.de/de/learn/basics

Anhang 1: Vereinfachtes Regelwerk

Wir geben vor und nach jedem Spiel den Gegnern die Hand.

Wir starten erst, wenn die Gegner bereit sind.

Wir kurbeln nicht.

Wir bewegen nicht den Tisch.

Wir dürfen von überall Tore schießen.

Wir überlassen nach jedem Tor dem Gegner den Ball.

Anhang 2: Ehrenkodex des DOSB

Für alle ehrenamtlich, neben- und hauptberuflich Tätigen in Sportvereinen und -verbänden. Hiermit verspreche ich,

- Ich werde die Persönlichkeit jedes Kindes, Jugendlichen und jungen Erwachsenen achten und dessen Entwicklung unterstützen. Die individuellen Empfindungen zu Nähe und Distanz, die Intimsphäre und die persönlichen Schamgrenzen der mir anvertrauten Kinder, Jugendlichen und jungen Erwachsenen sowie die der anderen Vereinsmitglieder werde ich respektieren.
- Ich werde Kinder, Jugendliche und junge Erwachsene bei ihrer Selbstverwirklichung zu angemessenem sozialen Verhalten anderen Menschen gegenüber anleiten. Ich möchte sie zu fairem und respektvollem Verhalten innerhalb und außerhalb der sportlichen Angebote gegenüber Mensch und Tier erziehen und sie zum verantwortungsvollen Umgang mit der Natur und der Mitwelt anleiten.
- Ich werde sportliche und außersportliche Angebote stets an dem Entwicklungsstand der mir anvertrauten Kinder, Jugendlichen und jungen Erwachsenen ausrichten und kinder- und jugendgerechte Methoden einsetzen.
- Ich werde stets versuchen, den mir anvertrauten Kindern, Jugendlichen und jungen Erwachsenen gerechte Rahmenbedingungen für sportliche und außersportliche Angebote zu schaffen.
- Ich werde das Recht des mir anvertrauten Kindes, Jugendlichen und jungen Erwachsenen auf körperliche Unversehrtheit achten und keine Form der Gewalt, sei sie physischer, psychischer oder sexualisierter Art, ausüben.
- Ich werde dafür Sorge tragen, dass die Regeln der jeweiligen Sportart eingehalten werden. Insbesondere übernehme ich eine positive und aktive Vorbildfunktion im Kampf gegen Doping und Medikamentenmissbrauch sowie gegen jegliche Art von Leistungsmanipulation.
- Ich biete den mir anvertrauten Kindern, Jugendlichen und jungen Erwachsenen für alle sportlichen und außersportlichen Angebote ausreichende Selbst- und Mitbestimmungsmöglichkeiten.
- Ich respektiere die Würde jedes Kindes, Jugendlichen und jungen Erwachsenen und verspreche, alle jungen Menschen, unabhängig ihrer sozialen, ethnischen und kulturellen Herkunft, Weltanschauung, Religion, politischen Überzeugung, sexueller Orientierung, ihres Alters oder Geschlechts, gleich und fair zu behandeln sowie Diskriminierung jeglicher Art sowie antidemokratischem Gedankengut entschieden entgegenzuwirken.
- Ich möchte Vorbild für die mir anvertrauten Kinder, Jugendlichen und jungen Erwachsenen sein, stets die Einhaltung von sportlichen und zwischenmenschlichen Regeln vermitteln und nach den Gesetzen des Fair Play handeln.
- Ich verpflichte mich einzugreifen, wenn in meinem Umfeld gegen diesen Ehrenkodex verstoßen wird. Ich ziehe im „Konfliktfall“ professionelle fachliche Unterstützung und Hilfe hinzu und informiere die Verantwortlichen auf der Leitungsebene. Der Schutz der Kinder und Jugendlichen steht dabei an erster Stelle.
- Ich verspreche, dass auch mein Umgang mit erwachsenen Sportlerinnen und Sportlern auf den Werten und Normen dieses Ehrenkodexes basiert.

Anhang 3: Jugendleiter/in-Card

Die Jugendleiter/In-Card (Juleica) ist der bundesweit einheitliche Ausweis für ehrenamtliche Mitarbeiter-innen in der Jugendarbeit. Sie dient zur Legitimation und als Qualifikationsnachweis der Inhaber-innen. Zusätzlich soll die Juleica auch die gesellschaftliche Anerkennung für das ehrenamtliche Engagement zum Ausdruck bringen.

Die Juleica steht für Qualität. JedeR Juleica-InhaberIn hat eine Ausbildung nach festgeschriebenen Standards absolviert: mindestens 30 Stunden haben sich alle mit:

- Gruppenpädagogik,
- Aufsichtspflicht,
- Lebenswelten von Kindern und Jugendlichen,
- Methoden und
- vielen anderen Themenbereichen

beschäftigt.

Die Eltern können also ganz beruhigt ihr Kind an den verschiedenen Angeboten der Jugendarbeit teilnehmen lassen, wenn die BetreuerInnen die Juleica besitzen.

Ehrenamtliche Mitarbeiter-innen, die für einen Träger der Jugendhilfe tätig sind, können die Juleica beantragen,

- wenn sie mindestens 16 Jahre alt sind
- die Teilnahme an einer den Richtlinien entsprechenden Ausbildung nachweisen können.

JugendleiterInnen engagieren sich ehrenamtlich: Für ihre Tätigkeit erhalten sie i.d.R. keinen Cent. Als kleines Dankeschön für ihr Engagement sind daher mit der Juleica auch einige Vergünstigungen verbunden. Welche es vor Ort gibt, ist regional sehr unterschiedlich. Die Palette der Vergünstigungen reicht vom kostenlosen Eintritt ins Schwimmbad bis hin zu Ermäßigungen beim Kinobesuch. Daher haben wir eine, nach Regionen sortierte Datenbank auf dieser Webseite eingerichtet.

Die Juleica legitimiert die Inhaber-innen auch gegenüber öffentlichen Stellen, wie z. B. Informations- und Beratungsstellen, Jugendeinrichtungen, Polizei und Konsulaten.